les Foodistas

NOS ENVIES GOURMANDES 2019

les Foodistas

NOS ENVIES GOURMANDES 2019

Ne ratez rien des nouvelles tendances culinaires !

LAROUSSE

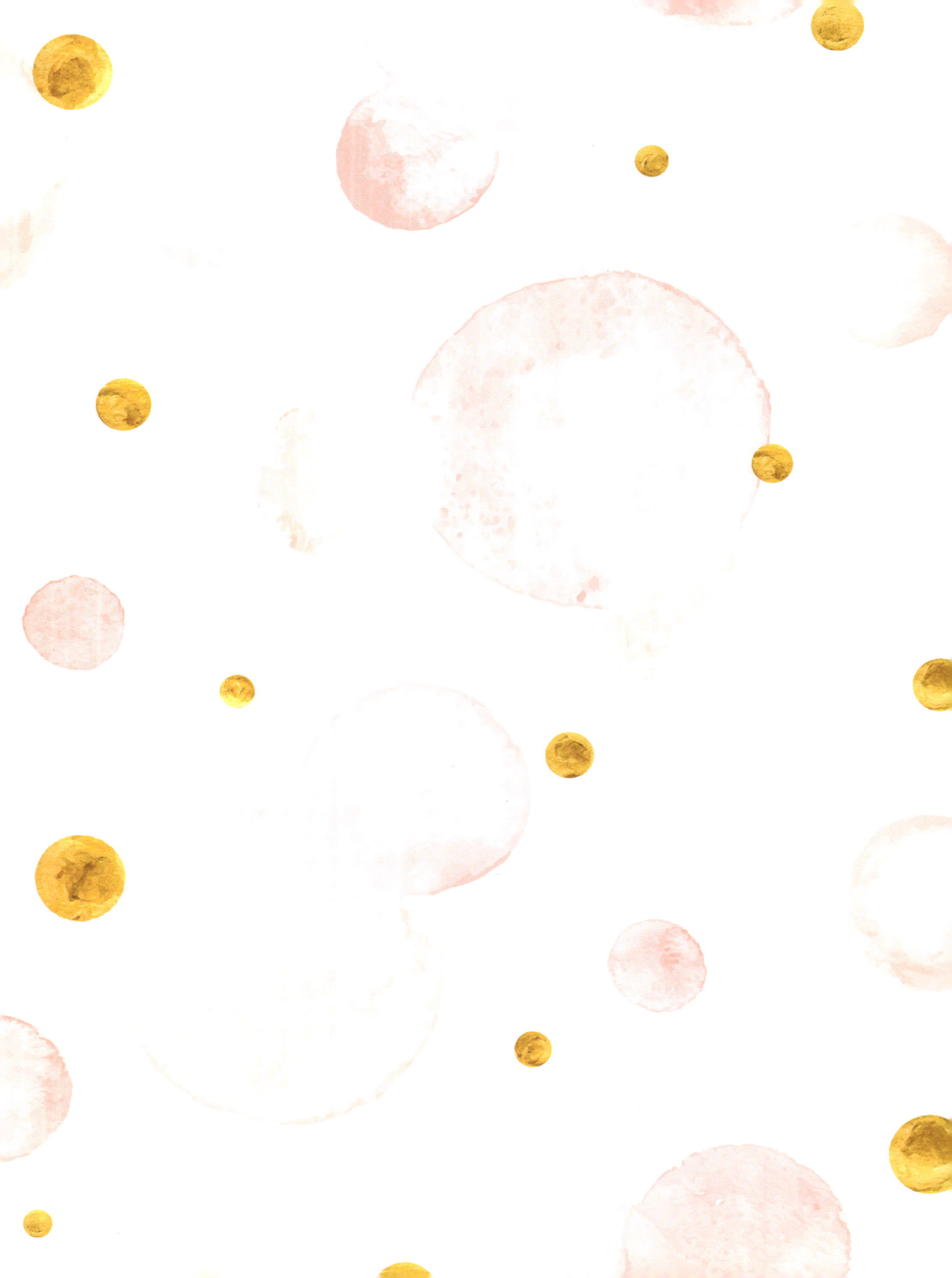

Bienvenue *chez vous,* *les foodistas !*

Parce que le concept de tendance ne se limite pas qu'au milieu de la mode et que la cuisine n'est pas qu'affaire de vieilles casseroles, plongez-vous sans plus tarder dans plus de 170 pages de recettes innovantes et idées créatives. Apprenez-en plus sur les produits en vogue, chinez de nouvelles idées pour organiser des événements aussi délicieux qu'inoubliables, puisez l'inspiration dans des plats gourmands et trendy… Bref, faites de votre cuisine un atelier de tendances gourmandes !

Envie de varier les plaisirs au brunch ? Troquez le traditionnel œuf au plat contre une originale recette d'œufs confits et le bol de Chocapic® contre un gourmand granola maison.

Besoin d'un déjeuner détox sur le pouce, sans pour autant vous cantonner à une salade verte au jus de citron ? Optez pour une salade colorée à l'avocat et une eau de fruits super tendance !

L'apéritif bière-cacahuète ? So 2012 ! Surprenez plutôt vos invités avec un délicieux frozé accompagné d'une burrata crémeuse.

Du matcha latte aux avocado toasts, en passant par le number cake et la nice cream, la cuisine trendy n'aura désormais plus aucun secret pour vous !

Bon appétit !

SOMMAIRE

TEST

QUEL GENRE DE FOODISTA ÊTES-VOUS ?

Avant de vous lancer dans le tourbillonde la tendance food 2019, une chose s'impose : comprendre quel type de foodista sommeille en vous... À vos stylos (et on ne triche pas au fond de la salle) !

POUR VOUS, UN BON RESTAURANT, C'EST :

- ◯ **A.** Référencé dans le guide du *Fooding*®.
- ◯ **B.** Un boui-boui dont le chef ne parle pas français mais cuisine une improbable spécialité laotienne.
- ◯ **C.** De belles assiettes et surtout un bon éclairage, et qui ne vient pas du plafond (sinon ça fait des ombres quand on prend des photos).
- ◯ **D.** Une cuisine fraîche et de saison, préparée avec des ingrédients arrivés en direct du producteur.

LES TOMATES, POUR VOUS, C'EST :

- ◯ **A.** Ok, mais seulement si elles viennent de chez Terroirs d'avenir, le maraîcher des chefs branchés.
- ◯ **B.** Desquelles on parle ? Des tomatillos mexicaines ?
- ◯ **C.** De toutes les couleurs. On fera trois marchés s'il le faut pour les avoir toutes.
- ◯ **D.** Seulement entre juillet et octobre et toujours issues de pleine terre !

LE POST INSTAGRAM QUE VOUS PRÉFÉREZ SUR VOTRE COMPTE :

- ◯ **A.** Celui où vous posez avec Cédric Grolet, le pâtissier le plus en vue du monde.
- ◯ **B.** Celui où vous mangez des œufs de cent ans dans ce petit restaurant du Nord de Pékin.
- ◯ **C.** Celui de votre *avocado toast* qui a été repris pour l'expo photo du Printemps du Goût.
- ◯ **D.** Celui où vous montrez les coccinelles sur vos mains après la cueillette de blettes violettes chez ce charmant agriculteur au milieu de la Creuse.

VOTRE PETIT DÉJEUNER IDÉAL :

- ◯ **A.** Le granola de Pierre Hermé et la lecture de *Atabula*, le magazine en ligne de la foodosphère.
- ◯ **B.** Un *congee** et la lecture de *Bon Appétit*, le magazine américain qui informe sur les tendances food de la planète.
- ◯ **C.** Un roulé à la pistache super photogénique que vous aurez shooté avant la lecture de vos stats Instagram.
- ◯ **D.** Quelques fruits locaux de saison, un yaourt fait maison et la lecture de *Regain*, le magazine super branché sur l'agriculture saine et durable.

POUR NOËL, VOUS AVEZ DEMANDÉ :

- ◯ **A.** Un dîner chez Septime, déjà réservé depuis environ mille ans.
- ◯ **B.** Une cagnotte pour partir au Mistura à Lima, le plus grand food festival d'Amérique du Sud.
- ◯ **C.** Un nouvel appareil photo avec un bon objectif, pour faire de la macro version guacamole.
- ◯ **D.** Un abonnement au panier de légumes de votre ferme en permaculture préférée.

VOUS NE PARTEZ JAMAIS EN VACANCES SANS :

- ◯ **A.** Votre sel de Maldon (mais si, ce sel anglais super chic qui craque sous la dent, goûtez, c'est délicieux !)
- ◯ **B.** Votre nuoc-mâm préféré rapporté du Vietnam (ça relève tout).
- ◯ **C.** Vos fonds de couleur et de matière, au cas où un shooting food s'improviserait sur la plage.
- ◯ **D.** Votre guide des marchés de producteurs de la région.

VOTRE USTENSILE PRÉFÉRÉ :

- ◯ **A.** Votre robot pâtissier, carrossé comme une voiture de sport.
- ◯ **B.** Votre mortier en pierre pour préparer de la pâte de curry ou du *mole* mexicain.
- ◯ **C.** Votre pince à épiler pour être sûre de bien placer les petites pousses de cresson sur l'assiette, juste avant la photo.
- ◯ **D.** Votre déshydrateur pour faire des chips de légumes bio pour l'hiver.

Vous avez :

UNE MAJORITÉ DE A : VOUS ÊTES UNE FOODISTAR !

Toujours à l'affût des adresses où il faut être, vous lisez le *Fooding*® tous les jours et ne ratez aucune ouverture de restaurant pointu. Dans les événements, vous vous arrangez pour que l'on vous voie sur les photos de chefs influents, et vous pratiquez le *name dropping* à outrance : « j't'ai pas dit, j'ai dîné chez Cyril (Lignac) hier soir et il y avait Christophe (Michalak) et Pierre (Hermé)». En deux mots, vous aimez ce qui est chic et bon.

UNE MAJORITÉ DE B : VOUS ÊTES UNE FOODISTAROUND THE WORLD !

En termes d'inspiration food, l'exotisme est votre carburant. Vous adorez les livres de cuisine du bout du monde, vous connaissez par cœur les Chinatowns de Paris, Londres et Bangkok, et dans un restaurant asiatique, vous savez rien qu'en lisant la carte si le chef est thaïlandais, chinois ou vietnamien. Vos placards regorgent de produits aux compositions étranges et vous n'avez pas peur des saveurs originales, et encore moins du pimenté. En deux mots, vous aimez ce qui est lointain et authentique.

UNE MAJORITÉ DE C : VOUS ÊTES UNE FOODISTAGRAM !

La photo culinaire, vous êtes tombée dedans via le réseau social le plus visuel de tous. Filtres magiques, angles parfait et éclairages flatteurs, les prises de vues gourmandes n'ont plus de secret pour vous. Vous choisissez vos plats en fonction de leur photogénie et ne mangez JAMAIS avant d'avoir immortalisé votre assiette. En deux mots, vous aimez ce qui est beau et gourmand.

UNE MAJORITÉ DE D : VOUS ÊTES UNE FOODISTAWARE

Vous avez compris depuis bien longtemps que la food était aussi un enjeu de survie des hommes et de leur écosystème. Vous lisez toujours les petites lignes des étiquettes sur les produits que vous achetez et n'avez pas mis les pieds dans un hyper depuis 2012. Vous mangez toujours de saison et vos copines se demandent comment vous faites pour tout cuisiner vous-même, avec le boulot que vous avez. En deux mots, vous aimez ce qui est naturel et brut.

*Le *congee* est une (délicieuse) soupe de riz au bouillon qui se mange au petit déjeuner dans une grande partie de l'Asie. À tester !

ZOOM SUR... le BLOG Châtaigne

QUI ES-TU ?

Je m'appelle Céline, j'ai 33 ans et j'habite à Lyon depuis un an. Dans la « vraie vie », je suis architecte et maman de deux enfants. Ce sont eux mes premiers testeurs et ils se font toujours une joie de participer à mes photos.

COMMENT EN ARRIVE-T-ON À DEVENIR BLOGUEUSE CULINAIRE ?

J'ai ouvert ce blog à la toute fin de mes études d'architecte. J'avais besoin d'une échappatoire, la réalité du métier d'architecte n'étant pas toujours aussi idéale que ce qu'on nous racontait sur les bancs de l'école. Après un rapide *brainstorming* avec M. Rabat-Joie, mon bien-nommé mari, on avait trouvé le jeu de mot "Blog de Châtaigne" plutôt rigolo. Si vous ne le savez pas encore, les châtaignes sont enfermées dans une bogue (mais si, l'espèce de coque piquante !) ⇢ « Bogue de Châtaigne » ⇢ « bLogue de Châtaigne » ⇢ « Blog de Châtaigne ». Tadaaam !

Aux tous débuts, ce blog ne parlait pas du tout cuisine, mais tranches de vies avec mes modestes illustrations, ce qui n'a pas duré bien longtemps. En parallèle, j'avais posté ma première recette : le rôti de porc à la moutarde. Ce n'était que la première d'une longue série. À l'époque, j'avais du temps pour poster deux, voire trois recettes par semaine (#jesuisunemamie). Et c'était très encourageant de constater que, petit à petit, des gens inconnus laissaient des commentaires sous mes posts.

D'OÙ TE VIENT CETTE PASSION POUR LA CUISINE ?

J'ai toujours aimé cuisiner car j'ai toujours aimé manger. Ma maman et ma grand-mère ont été sans aucun doute les initiatrices de cette passion. Ayant grandi en Ardèche, les fruits et légumes provenaient quasiment tous du jardin. Il fallait donc passer derrière les fourneaux pour les manger. Et, pendant les vacances scolaires, on testait de nouvelles recettes avec ma soeur, chippées dans des magazines et collées dans un cahier spécial ! Mais c'est réellement en démarrant ma vie de couple que la passion a éclos, pour ne jamais s'en aller.

PEUX-TU NOUS PRÉSENTER TON BLOG ET SES PARTICULARITÉS ? QUEL MESSAGE SOUHAITES-TU TRANSMETTRE À TRAVERS TES PUBLICATIONS ?

Mon blog se veut convivial et pétillant. C'est bien pour cela que le tutoiement est de rigueur dans les quelques lignes qui lancent chaque recette. Ce blog, ce n'est ni plus ni moins que mon carnet de recettes que j'ouvre à tous. Outre le côté sympathique, l'idée directrice du blog est de montrer qu'avec des produits simples, on peut faire des plats et desserts gourmands sans pour autant déployer une technicité folle. Et puis, toutes mes recettes étant à la base destinées à ma petite famille, elles sont par conséquent toujours goûtées et validées avant publication !

COMMENT CHOISIS-TU LES RECETTES QUE TU METS EN LIGNE ?

Les recettes que je poste sont quasiment toutes dictées par mes envies ! Un petit tour au marché, et c'est la vue du bouquet de basilic bien frais qui va me donner envie de préparer une brioche au pesto. La saisonnalité est un sujet qui me tient énormément à cœur, c'est bien pour cela qu'on ne trouvera pas de recettes à base de tomates pendant l'hiver.

QUELS SONT TES PÉCHÉS MIGNONS ET TES RECETTES FAVORITES ?

Il y a tellement de choses qui me viennent à l'esprit ! Je suis par exemple une grande fan de tarte au citron et de *kanelbullar*, ces petites brioches à la cannelle qui accompagnent merveilleusement une tasse de chaï latte (et dont je vous donne la recette p. 24). Côté salé, il y a le pâté en croûte lyonnais, les ramen japonais... Bref, je suis une véritable épicurienne ! Il me serait très compliqué de choisir une seule recette favorite. Mais si je devais vraiment en retenir une, je dirais les madeleines cœur chocolat, les préférées de mes enfants, prêtes à être dévorées en 15 petites minutes.

QUELLES ONT ÉTÉ TES DERNIÈRES DÉCOUVERTES CULINAIRES ?

J'en parlais un peu plus haut : les *kanelbullar* et autres brioches marbrées, découvertes à Lyon, dans des *coffee-shops* toujours pris d'assaut. J'ai voulu m'y essayer et depuis les goûters du week-end sont devenus encore plus gourmands qu'avant.

SELON TOI, QUELLES SERONT LES TENDANCES FOOD 2019 ?

Difficile à dire, mais je pense que le « manger sain », revenir au naturel et au fait-maison, restera sur le devant de la scène. Et c'est une bonne chose, surtout quand il est associé à l'idée de manger de tout et en quantités raisonnables.
Le number cake semble poursuivre son ascension vers les sommets. L'ayant déjà essayé, il est vrai que le résultat est bluffant ! L'autre tendance devenue culte est l'*avocado toast* : déclinable à l'infini, il restera une valeur sûre de 2019 !

Recette du houmous aux châtaignes, à retrouver sur www.leblogdechataigne.fr

Pour un Brunch avec toi, je ferais n'importe QUOI *

*(pour un p'tit déj' aussi d'ailleurs)

Brunch ou p'tit déj :

faut-il choisir son camp ?

Avant, c'était simple : on se levait, on prenait une tartine ou un croissant, et hop, en route pour la journée. Puis arriva le « brunch », concept anglo-saxon dont la popularité fut immédiate. Rappelons les grands principes de chaque option.

LE BON VIEUX P'TIT DÉJ'

- **Régularité :** quotidienne.
- **Heure(s) :** globalement avant 10 h 30.
- **Composition type :** une boisson chaude, des tartines et/ou une viennoiserie. En option : jus de fruits, laitage, céréales.
- **Avantage :** on peut le prendre au lit.

Gourmand et réconfortant, notre bon vieux petit déjeuner est une touche de douceur avant une journée bien chargée.

LE BRUNCH

- **Régularité :** « week-endienne ».
- **Heure(s) :** ouh là, on n'est pas là pour souffrir, hein !
- **Composition type :** une boisson chaude, un jus de fruits, des œufs (brouillés, au plat), une viande ou un poisson (bacon, jambon, saumon fumé), quelques crudités (un avocat est toujours bienvenu). Il faut aussi ajouter tartines et/ou viennoiseries. En option : pains variés, pancakes, céréales, coupe de champagne.
- **Avantage :** on peut le prendre au restaurant.

Étant censé remplacer deux repas, il doit être copieux et varié. C'est un moment de détente gourmand et convivial : tout le monde aime le brunch.

LE SAVIEZ-VOUS ?

La France est l'un des seuls pays au monde où le premier repas de la journée est exclusivement sucré. Cette particularité est sans doute l'une des raisons du développement de notre talent pour la pâtisserie, nos artisans boulangers étant sollicités pour réaliser un grand nombre de douceurs destinées à la clientèle du matin.

PETITS DÉJEUNERS VOYAGEURS

Rien de plus amusant que de découvrir (et de se régaler) des petits déjeuners du monde entier ! D'ailleurs, par comparaison avec les petits déjeuners d'autres pays, le petit déjeuner français n'est pas très copieux, mais très sucré.

- **Espagne :** il y a bien sûr les churros, ces longs beignets gourmands à tremper dans le chocolat onctueux, mais surtout le *pan con tomate*, un petit pain frotté avec une tomate et de l'huile d'olive. Délicieux.

- **Thaïlande :** découvrez le trop méconnu *joke*, une soupe de riz cuit dans du bouillon de porc, souvent servie avec un œuf, un peu de viande et quelques herbes. Cela ne vous fait pas rêver ? Vous avez tort, c'est parfumé et réconfortant, un délice au saut du lit.

- **Turquie :** les Turcs étant de grands gourmands, leur petit déjeuner est forcément copieux. Entre pains chauds, tomates, saucisses et aromates, ne ratez pas les œufs pochés servis avec un yaourt onctueux et un beurre épicé. Mortel !

- **Chine :** selon les régions, le petit déjeuner peut varier, mais il est couramment composé d'un peu de tofu agrémenté de bouillon et d'un beignet nature à tremper dans du lait de soja. À Hong Kong, le brunch porte le nom de *Yam Tcha*, où les *dim sums* sont rois.

les indispensables pour un brunch réussi :

Pour un brunch ou un petit déjeuner première classe, pas la peine de casser sa tirelire ou de chercher midi à quatorze heures. Nous vous conseillons simplement de prévoir les ingrédients suivants :

- **Une boisson chaude** de qualité (café et/ou thé, achetés dans de bonnes maisons).
- **Un très bon pain.** Exit les horrrribles pains de mie du supermarché. On va chez son artisan boulanger ou, encore mieux, on fait le pain soi-même (il existe des mixs de farine déjà préparés à shopper en épiceries bio ou au supermarché).
- **Des laitages faits maison :** faisselle, kéfir, yaourt brassé sont si faciles à faire. On trouve des ferments très simples à utiliser dans les rayons frais des magasins bio.
- **Un granola sympa** (voir page 26).
- **Des fruits de saison** à croquer et à partager.
- Plutôt qu'un mauvais saumon, **un bon jambon** fermier, sans sel nitrité.
- **Du beurre AOP.** Et demi-sel si possible.
- **De la brioche fraîche du boulanger.** Parce qu'il n'y a qu'en France qu'on sait bien faire la brioche, alors on en profite !

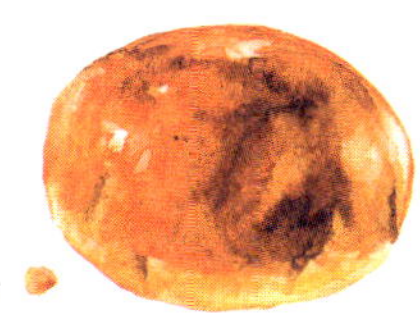

BRUNCH ALERTE

Attention : beaucoup de restaurants abusent des formules « brunch » chères et peu qualitatives. Étudiez bien la formule, il ne sert à rien de se ruiner pour un demi-bol d'œufs brouillés trop cuits et une tranche de saumon fumé bas de gamme ! Choisissez les établissements proposant de vrais plats, frais et variés.

QU'EST-CE QUE les oléagineux ?

Sous leur appellation peu ragoûtante et vaguement scientifique, les oléagineux sont en réalité connus de tous ! Ils correspondent en effet aux végétaux dont les graines ou les fruits sont riches en matières grasses et dont on peut généralement tirer de l'huile.

LE JEU DES 2 FAMILLES :

- **Les noix :** amandes, noisettes, noix de cajou, de Grenoble, du Brésil, de pécan, de coco...

- **Les graines :** de courge, de sésame, de lin, de tournesol, de colza... Mais également les pignons de pin, les pistaches et les olives.

Le piège (car il y en a toujours un) : contrairement à ce qu'on pourrait croire, l'arachide et le soja ne sont pas des oléagineux mais des légumineuses.

DES PETITS BIJOUX POUR NOTRE SANTÉ !

En effet, les oléagineux apportent généralement :

- **Des minéraux** (magnésium, fer, calcium, potassium) ;
- **des vitamines** des groupes A, B et E ;
- **des acides gras insaturés** ;
- **des glucides** ;
- **des protéines** (jusqu'à 27 % suivant les fruits) ;
- **des fibres**.

En bref, un cocktail assez sain et bénéfique pour notre corps ! Cependant (car il y en a toujours un), leur forte teneur en matière grasse, bien qu'insaturée, signifie que comme toute bonne chose, il faut savoir en consommer avec modération.

LES BONS CONSEILS DE TATA FOODISTA :

- **Au p'tit déj',** on déguste nos amis oléagineux concassées dans un granola (voir recette p. 26) mais aussi sous forme de purée étalée sur des tranches de pain de campagne avec quelques fruits frais. Les purées les plus courantes sont celles de noisette et d'amande (on vous conseille la version complète). Et on n'hésite pas à remplacer parfois son lait de vache par l'alternative végétale : lait d'amande, de cajou ou encore de noisette (N.B. : il en existe des versions enrichies en calcium).

- **À l'apéro,** on remplace les grosses poignées de cacahuètes ultra-salées et finalement très grasses (souvenez-vous de ce à quoi ressemble le bout de vos doigts après avoir plongé la main dans le bol) par un mélange d'amandes et de noisettes saupoudré de paprika et torréfié quelques minutes au four ou à la poêle.
  Et on prépare un bon houmous, à base de pois chiches mélangés au tahin, une purée de sésame qui donne toute sa saveur à cette tartinade méditerranéenne.

- **Au déjeuner ou au dîner** on n'hésite pas à consommer du lait de coco, en curry par exemple, pour un repas aux saveurs exotiques. On peut aussi troquer sa crème fraîche super riche pour de la crème d'amande spéciale cuisine.

LE FRUIT OU LA GRAINE	SES BIENFAITS
L'amande	Elle est extrêmement riche en magnésium (232 mg / 100 g là où il nous est recommandé d'en consommer 350 mg par jour), minéral très important pour le bon fonctionnement du système nerveux.
La graine de tournesol	La graine de tournesol est une bonne source de phosphore, qui est le deuxième minéral le plus présent dans l'organisme après le calcium. Il est notamment très utile pour maintenir une bonne santé osseuse (os, dents...)
La noix de cajou	Les lipides contenus dans la noix de cajou se présentent majoritairement (60 %) sous la forme d'acides gras mono-insaturés, qui ont des effets très bénéfiques sur la santé cardiovasculaire.
Le pignon de pin	Le pignon de pin est très riche en vitamines, minéraux et oligo-éléments. Il a notamment une teneur particulièrement élevée en magnésium, essentiel au bon fonctionnement de notre corps.
La noix de Grenoble	Elle renferme 8 % d'acide alpha-linolénique de la famille des oméga-3. Nos apports journaliers recommandés dans cet acide gras sont donc atteints en consommant 20 g de noix (soit environ 5 unités).
Graines de lin	Elles sont très riches en fibres essentiellement solubles, qui permettent de réguler glycémie et cholestérol dans le sang.
Graines de courge	Les graines de courge sont très utiles pour lutter contre l'anémie (notamment dans le cas d'un régime végétarien) car elles sont chargées en fer.

Chia pudding

cacao et fruits rouges

2 PERSONNES	PRÉPARATION : 15 MIN	RÉFRIGÉRATION : 2 H

INGRÉDIENTS

1 c. à soupe de cacao en poudre non sucré
1 c. à soupe de poudre d'açaï
60 cl de lait d'amande
60 g de graines de chia
2 c. à café de sirop d'agave
5 fèves de cacao hachées
1 c. à soupe de copeaux de noix de coco toastés
50 g de fruits rouges

1 Fouettez le cacao, la poudre d'açaï et le lait d'amande petit à petit, jusqu'à obtenir un mélange lisse et sans grumeaux. Ajoutez les graines de chia et le sirop d'agave et fouettez.

2 Laissez reposer 15 min, tout en continuant de fouetter régulièrement. Versez dans les bols et placez au réfrigérateur pendant minimum 2 h.

3 Au moment de servir parsemez de fèves de cacao, de copeaux de coco et de fruits.

Smoothiebowl
façon porridge

1 PERSONNE	PRÉPARATION : 5 MIN	CUISSON : 5 MIN

INGRÉDIENTS

20 cl de lait
45 g de flocons d'avoine
2 c. à soupe de miel
2 c. à soupe de myrtilles
10 g de noix hachées
10 g d'amandes hachées
1 carré de chocolat noir

1 Faites frémir le lait dans une casserole. Versez les flocons d'avoine et laissez gonfler quelques minutes la préparation hors du feu, dans un bol. Ajoutez la moitié du miel, mélangez et laissez refroidir.

2 Parsemez la préparation de myrtilles, de noix, d'amandes effilées et du carré de chocolat concassé. Nappez le tout avec le reste du miel.

Smoothiebowl
mangue et bananes

2 PERSONNES	PRÉPARATION : 10 MIN

INGRÉDIENTS

2 bananes en morceaux
300 g de mangue en dés fraîche ou surgelée
50 cl de lait d'avoine
45 g de flocons d'avoine
1 poignée de framboises
1 c. à soupe de baies de Goji séchées
2 c. à soupe de graines de chia

1 Mixez la mangue, les bananes et le lait d'avoine jusqu'à obtenir un smoothie bien lisse.

2 Répartissez le smoothie dans chaque bol, puis déposez le reste des ingrédients dessus, en formant des lignes.

Latte Art

il y a un dessin sur mon café !

Vous n'avez pas pu les manquer dans vos *coffee shops* préférés ou sur les réseaux sociaux du monde entier, les cafés joliment agrémentés d'une mousse de lait artistiquement posée, de manière à créer un motif. Ce dernier peut être abstrait (forme géométrique, fleur imaginaire...) ou représenter un cœur, un visage, voire un monument ou un personnage célèbre (Totoro ❤). Au départ, il s'agissait surtout pour le barista (le monsieur qui fait le café) de montrer sa maîtrise du cappuccino, tout en accentuant la gourmandise de ce dernier, en mettant en valeur la belle couleur du café et la texture onctueuse de la mousse. Si la technique d'origine, entièrement réalisée à la main, requiert de l'entraînement et une formation appropriée, il est facile avec quelques conseils et de jolis pochoirs d'obtenir le même effet à la maison !

Un peu de technique :

comment réaliser une mousse de lait ?

- Choisissez un lait UHT, demi-écrémé de préférence, mais surtout bien réfrigéré.
- Faites chauffer le lait dans une casserole à feu doux (sans le laisser bouillir) ou au four à micro-ondes, puis fouettez-le vivement au fouet à main (comptez environ 1 min) ou au mousseur à lait à piles (30 s).
- Si votre percolateur en est équipé, vous pouvez faire chauffer et mousser le lait avec la buse vapeur.

Les pochoirs

(à utiliser en page suivante !)

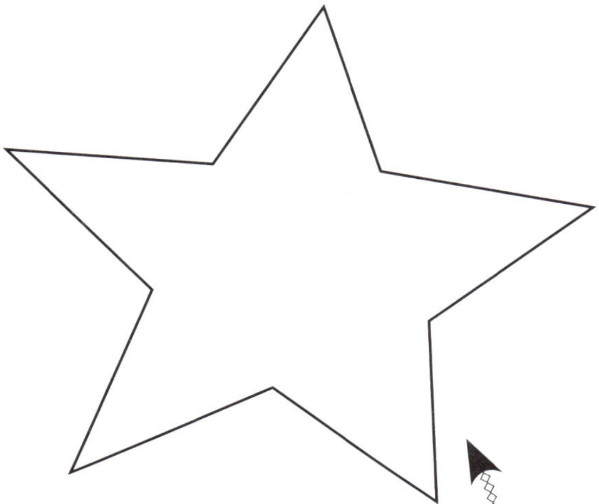

Pochoir étoile

Pochoir fleur

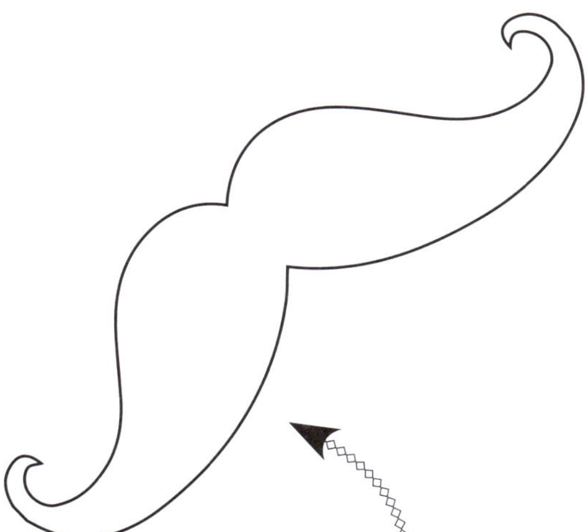

Pochoir moustache

DIY caféiné

1 Décalquez le pochoir de votre choix, puis découpez-le.

2 Préparez une mousse de lait en suivant les étapes expliquées en page précédente.

3 Faites couler un café allongé puis déposez délicatement dessus la mousse précédemment obtenue.

4 Tenez le pochoir au dessus de la mousse et saupoudrez de cacao amer. Retirez le pochoir en faisant bien attention de ne pas renverser la poudre de cacao restée déposée dessus.

5 Servez le café à vos invités venus bruncher, en vous inventant un passé de barista professionnel dans un coffee shop de Brooklyn. Merci qui ?

Café Cardamome

1 PERSONNES	PRÉPARATION : 5 MIN

INGRÉDIENTS

1 expresso
1 ou 2 morceaux de sucre de canne
1 gousse de cardamome
1 c. à café de cardamome en poudre

1 Au fond de la tasse à expresso, placez 1 ou 2 sucres, selon votre goût, et la gousse de cardamome. Faites couler l'expresso dessus. Remuez.

2 Déposez le pochoir sur la tasse et saupoudrez de cardamome en poudre à l'aide d'une fine passoire.

MATÉRIEL	1 TASSE À EXPRESSO	1 POCHOIR « MOUSTACHE » (VOIR P. 21)

Macchiato

1 PERSONNE	PRÉPARATION : 10 MIN

INGRÉDIENTS

1 expresso
15 cl de lait demi-écrémé
1 sachet de sucre vanillé
3 c. à café de cacao non sucré en poudre (+ un peu pour décorer)

1 Faites chauffer le lait sans le laisser bouillir, puis mélangez-le avec le sucre vanillé et la moitié du cacao. Faites légèrement mousser la préparation (voir page 20).

2 Versez le lait dans la tasse, puis faites couler le café doucement sur le bord afin qu'il passe en dessous de la mousse.

3 Déposez le pochoir sur la tasse, puis saupoudrez de cacao à l'aide d'une fine passoire.

MATÉRIEL	1 TASSE MOYENNE	1 POCHOIR « ÉTOILE » (VOIR P. 21)

Matcha latte

1 PERSONNE	PRÉPARATION : 10 MIN

INGRÉDIENTS

25 cl de lait demi-écrémé
1 c. à soupe de thé vert matcha en poudre (+ un peu pour décorer)
1 c. à soupe de miel
2 c. à soupe d'eau chaude

1 Au fond de la tasse, fouettez le thé matcha et le miel avec un peu d'eau chaude pour obtenir une pâte lisse.

2 Faites chauffer le lait sans le laisser bouillir, puis faites-le mousser (voir page 20). Versez le lait dans la tasse.

3 Placez le pochoir sur la tasse et saupoudrez de thé matcha à l'aide d'une fine passoire.

MATÉRIEL	1 TASSE MOYENNE	1 POCHOIR « FLEUR » (VOIR P. 21)

Recette de Céline du blog de Châtaigne

Kanelbullar

10 KANELBULLAR	PRÉPARATION : 25 MIN	REPOS : 2 H 05	CUISSON : 15 MIN

INGRÉDIENTS

1 sachet de levure de boulangerie
10 cl de lait tiède
300 g de farine
160 g de beurre à température ambiante
2 œufs
1 c. à soupe de sucre en poudre
1 pincée de sel
2 c. à café de mélange quatre-épices
1 c. à café de cannelle
2 c. à soupe de cacao
2 c. à soupe de cassonade

1 Versez le sachet de levure de boulangerie dans le lait tiède et laissez reposer 5 min.

2 Dans le bol d'un robot (ou à défaut, à la main), mélangez à vitesse moyenne la farine, 80 g de beurre coupé en morceaux, le sucre, la pincée de sel et 1 œuf. Quand le mélange devient sableux, ajoutez le mélange levure-lait.

3 Pétrissez à vitesse moyenne jusqu'à obtention d'un pâton qui se décolle des parois du bol. Couvrez d'un linge humide et laissez reposer pendant 1 h 30 minimum dans un endroit tiède.

4 Dégazez la pâte, puis étalez-la sur un plan de travail fariné en forme de rectangle de 3 mm d'épaisseur.

5 Dans un bol, mélangez le beurre avec le cacao, la cassonade et les épices. Étalez cette garniture sur le rectangle de pâte. Repliez-le en 3, comme un portefeuille. Applatissez légèrement la pâte au rouleau à pâtisserie pour former à nouveau un rectangle.

6 Découpez 10 lanières de 3 cm de largeur maximum dans le grand côté du rectangle, puis fendez chaque lanière en deux, sans aller jusqu'à l'extrémité. Tressez les 2 brins ainsi formés, puis enroulez la pâte sur elle-même, en escargot. Répétez l'opération pour obtenir 10 *kanelbullar.*

7 Laissez reposer à température ambiante au moins 30 min jusqu'à ce que les brioches doublent de volume.

8 Badigeonnez-les d'œuf battu pour les dorer, puis enfournez la plaque pour 15 min four chaud (180° C, th. 6).

granola is the new Chocapic® !

Et dire qu'il n'y a pas si longtemps encore, on ne savait rien du granola !

Les céréales au petit déjeuner se résumaient aux corn flakes, au muesli, éventuellement au porridge. Ou alors à des trucs bourrés de sucre et de colorants (mais depuis qu'on a passé 12 ans, c'est moins marrant). Bref, il nous manquait le granola. Ce mélange de céréales, de graines, de fruits secs et de plein de bonnes choses nous a touchés droit au cœur avec son croustillant gourmand inégalable.

UN GRANOLA, C'EST QUOI ?

Une base assez similaire au muesli : flocons de céréales, fruits secs, oléagineux.
Un élément sucré en général liquide (miel, sirop d'agave...).
Une cuisson qui le rend croustillant et donne de jolis arômes de torréfaction à ses composants.

Facultatif : on peut l'enrichir après cuisson en l'agrémentant par exemple de pépites de chocolat (mais alors seulement pour l'exemple, hein !)

POURQUOI ÇA CARTONNE ?

Grâce à sa composition naturelle et bénéfique pour la santé, le granola répond à nos nouvelles exigences en matière de nutrition et de qualité. Il est plus gourmand qu'un simple muesli (parfois un peu plan-plan). Sa préparation est très créative : on peut y ajouter tout un tas de graines rigolotes venues du bout du monde. Il est facile à faire, délicieux et se conserve pendant des mois.
Pas la peine d'en manger un seau pour être rassasié ; du granola saupoudré sur un yaourt avec quelques fruits suffit à notre bonheur !

Le granola
la recette de base

POUR 430 G	PRÉPARATION : 5 MIN	CUISSON : 35 À 40 MIN

INGRÉDIENTS

1/2 gousse de vanille (ou 1/2 c. à café de vanille en poudre), 35 g de noisettes, 35 g d'amandes, 35 g de noix de cajou, 1 pincée de cannelle, 40 g de graines de courge, 1 pincée de sel, 200 g de flocons d'avoine, 25 g de riz soufflé, 120 g de sirop d'érable, 50 g d'huile de tournesol

Alors, prêt à granoler ?

1 Préchauffez le four à 150 °C (th. 5). Prélevez les graines de la vanille. Concassez les fruits secs, puis mélangez-les avec la cannelle, les graines de courge, le sel et les céréales.

2 Versez le sirop d'érable, les graines de vanille et l'huile dans une petite casserole et faites chauffer doucement, puis ajoutez les céréales et mélangez bien.

3 Répartissez le mélange sur une plaque de cuisson et enfournez pour 35 à 40 min. Mélangez les céréales à mi-cuisson et replacez-les au four jusqu'à ce qu'elles soient dorées. Laissez-les refroidir complètement avant de les placer dans une boîte hermétique.

Le nutty

sarrasin + amandes + graines de lin
+ noix du Brésil + huile de coco + sirop d'agave
+ raisins secs

Le cacaoté

flocons d'avoine + riz soufflé + cacao
+ amandes + graines de courge + graines de lin
+ miel + huile de coco + copeaux de chocolat

C'EST L'HEURE DU GRANOLAGE !

Quelques idées d'associations d'ingrédients pour agrémenter tous vos petits déjeuners !
N'hésitez bien sûr pas à varier les accompagnements :
laits de vache ou de chèvre, boisson végétale au soja, à l'amande, à l'épeautre (etc...),
yaourt, fruit frais de saison...

Le matcha

flocons d'avoine + graines de sésame
+ cranberries + amandes + thé matcha
+ pépites de chocolat blanc

L'oriental

flocons d'avoine + amandes effilées
+ abricots secs + pistaches + huile de pépins
de raisin + cannelle + miel

Un jus 100% vitamines, p. 32
Le granola énergie, p. 26

Une délicieuse tartine
à la truite fumée, p. 44

Faites vos jus !

Extracteur ou centrifugeuse ?

Si vous voulez faire le plein de vitamines dès le petit déjeuner, rien de mieux qu'un extracteur de jus ! Contrairement à sa cousine la centrifugeuse, l'extracteur a l'avantage de presser les fruits à froid, procédé permettant de n'abîmer aucun nutriment et aucune vitamine, tous deux très sensibles à la chaleur. L'extraction à froid vous garantie ainsi un cocktail détonnant (à boire cependant rapidement pour ne pas perdre ses bienfaits) et une super pêche toute la matinée (et même la banane) !

Bien que les extracteurs demandent un investissement financier souvent non négligeable, on peut en trouver à d'excellents rapports qualité-prix. N'hésitez pas à demander conseil à des spécialistes d'électro-ménager ou à consulter des sites de consommateurs comparant les différents modèles. Misez cependant toujours sur une extraction à rotation lente pour conserver tous les bienfaits des jus et préférez un extracteur vertical, qui permet de ne pas prendre trop de place sur votre plan de travail déjà rempli de jolies jars à épices, de pots d'aromates en faïence, de livres et magazines de cuisine divers et variés et autres gadgets so foodista.

Le test rigolo :

Il existe également des extracteurs manuels, proposant de fabriquer vos jus à la seule force de vos bras. Résultat : des économies d'énergie et des biscottos en plus, tout benef' pour la planète et votre corps. À vos huiles de coude !

DIY vitaminé

1 Coupez vos fruits et légumes en tranches ou en morceaux, pour ne pas épuiser trop vite votre machine.

2 Enlevez seulement la peau des fruits qui ne se mange pas ou non-issus de l'agriculture biologique. Pour les autres laissez-la, elle est pleine de vitamines !

3 Insérez vos fruits et légumes petit à petit dans l'extracteur, en privilégiant ceux qui rendront le moins de jus en premier (par exemple le céleri, les épinards...)

4 Vous voilà avec un délicieux jus, plein de vitamines. N'hésitez pas à en tester de nouveaux, selon vos goûts et vos envies !

le plein de Vitamines !

15 g de persil
½ concombre
½ courgette
2 pommes

1 brin de thym
3 g de spiruline
70 g de roquette
240 g de raisin blanc
½ ananas

½ grenade
½ ananas
½ fenouil
1 pomme

Combinez, extrayez, dégustez !

L'ŒUF LE ROI DE l'assiette

L'œuf est le roi des ingrédients. Il est beau, il est accessible, on peut en faire mille et une choses, et en plus il est carrément délicieux. Bien sûr, on oublie l'œuf dur trop cuit, ancien héros des pique-niques dans le train ! De nos jours, l'œuf est sexy, onctueux, coulant : il est de bon ton d'en faire ressortir tout le potentiel instagramable en mettant en valeur son incroyable gourmandise.

BIEN CHOISIR LES ŒUFS

Le premier devoir d'une foodista bien dans notre époque, c'est toujours et avant tout de faire le bon choix en achetant ses ingrédients.

Pour l'œuf, il est facile de repérer les produits de bonne qualité grâce au code inscrit sur la coquille. Si la chaîne de caractères commence par :

0 L'œuf est bio, la poule a gambadé gaiement au champ comme une fofolle.

1 L'œuf vient d'une poule qui a été élevée en plein air dans des conditions décentes.

2 La poule a été élevée « au sol », à 34 578 individus au mètre carré et sans jamais voir la prairie.

3 La poule a été élevée en cage, sa vie c'était le goulag.

Regardez toujours avant d'acheter, surtout si les œufs sont en vrac.

LE TOP 5 DES ŒUFS LES PLUS SEXY DU MOMENT SUR LES RÉSEAUX

1. L'œuf coulant posé sur l'avocado toast ;
2. l'œuf confit au sel (bonne nouvelle, on vous donne la recette juste en face) ;
3. l'œuf mariné au soja comme au japon (celui qu'on trouve dans les ramens) ;
4. l'œuf Benedict (recette en page 36) ;
5. le scotch egg : un œuf mollet enrobé d'une farce de viande (gourmand !)

Jaune d'œuf confit

INGRÉDIENTS
4 œufs
4 branches de romarin
1 kg de gros sel de Guérande

1 Séparez les blancs des jaunes d'œufs. Réservez chaque jaune séparément et gardez les blancs pour une autre recette (miam, une meringue !). Placez le romarin effeuillé dans un petit hachoir et mixez, puis mélangez avec le gros sel. Versez une couche de gros sel au romarin dans le fond d'un plat creux. Formez 4 petits creux et déposez délicatement 1 jaune d'œuf dans chacun d'eux. Recouvrez soigneusement du reste de gros sel, filmez et placez au moins 48 h au réfrigérateur.

Obtenez des jaunes d'oeufs confits que vous pourrez râper sur vos plats.

2 Sortez le plat du réfrigérateur et retirez la première couche de sel. Essuyez les jaunes d'œufs avec une feuille de papier absorbant humidifiée pour retirer le sel.

3 Déposez-les sur une grille et faites-les sécher au four 4 h à 60 °C (th. 2). Une fois refroidis, vous pouvez les râper sur des pâtes, des tartines, une salade, etc. (voir page suivante pour une mise en pratique)

Asperges aux œufs confits

4 PERSONNES	PRÉPARATION : 10 MIN	CUISSON : 10 MIN

INGRÉDIENTS

1 botte d'asperges vertes
2 poireaux pas trop gros
50 g de parmesan en copeaux
2 c. à soupe d'huile d'olive
1 jaune d'œuf confit
Sel et poivre du moulin

1 Découpez les asperges en deux dans le sens de la longueur. Lavez les poireaux, ôtez les racines et le vert, puis découpez-les en deux dans le sens de la longueur. Faites blanchir les asperges 5 min dans de l'eau bouillante salée. Égouttez.

2 Faites chauffer l'huile d'olive dans une poêle à feu vif. Alignez-y les asperges et faites-les dorer sur les deux faces. Faites de même avec les poireaux, en ajoutant un peu d'huile si besoin.

3 Répartissez dans les assiettes. Salez et poivrez. Parsemez de copeaux de parmesan et de jaune d'œuf confit râpé. Servez aussitôt.

Pour une dégustation d'oeufs,
c'est page suivante !

1

3
2

1 Œufs brouillés

6 PERSONNES	PRÉPARATION : 5 MIN	CUISSON : 10 MIN

INGRÉDIENTS

12 œufs
25 g de beurre
3 c. à soupe de crème fraîche épaisse
sel, poivre

1 Cassez les œufs dans un saladier. Battez-les légèrement à l'aide d'une fourchette.

2 Faites fondre le beurre dans une casserole. Versez les œufs et faites cuire à feu très doux en remuant sans cesse à l'aide d'un fouet. Quand les œufs commencent à prendre une consistance plus ferme, retirez-les du feu avant qu'ils ne prennent complètement.

3 Hors du feu, ajoutez la crème pour obtenir une consistance crémeuse. Salez et poivrez. Remuez et servez aussitôt.

2 Œufs Benedict

4 PERSONNES	PRÉPARATION : 30 MIN	CUISSON : 20 MIN

INGRÉDIENTS

4 œufs
2 muffins
4 tranches de bacon
2 c. à soupe de vinaigre blanc
quelques brins de ciboulette hachés

Pour la sauce hollandaise :

2 jaunes d'œufs
le jus de 1 citron
160 g de beurre
sel, poivre

1 Préparez la sauce. Versez 2 c. à soupe d'eau dans une casserole. Ajoutez la moitié du jus de citron. Portez à ébullition et laissez réduire de moitié. Retirez du feu et ajoutez les jaunes d'œufs. Remettez à feu très doux 2 ou 3 min sans cesser de fouetter (le mélange doit être épais et mousseux.) Hors du feu, ajoutez le beurre petit à petit sans cesser de mélanger (la sauce doit monter comme une mayonnaise.) Ajoutez le reste du jus de citron, salez et poivrez. Réservez dans un bain-marie afin qu'elle ne fige pas.

2 Coupez les muffins en deux et faites-les griller. Faites dorer les tranches de bacon dans une poêle. Réservez.

3 Pochez les œufs. Portez de l'eau à frémissements dans une casserole et ajoutez le vinaigre blanc. Cassez 1 œuf dans un ramequin, puis versez délicatement l'œuf dans l'eau — elle ne doit pas bouillir, juste frémir. Laissez cuire 3 min en ramenant le blanc vers le jaune avec une cuillère à soupe. Retirez l'œuf à l'aide d'une écumoire et égouttez-le sur du papier absorbant. Procédez de même pour les 3 autres.

4 Dressez en servant une moitié de muffin surmontée de 1 tranche de bacon puis de 1 œuf poché. Nappez de sauce hollandaise chaude, puis parsemez de ciboulette hachée. Servez aussitôt.

3 Œufs nuages

et poêlée de champignons des bois

4 PERSONNES	PRÉPARATION : 15 MIN	CUISSON : 10 MIN

INGRÉDIENTS

4 œufs
1 oignon nouveau
400 g d'un mélange de champignons des bois (surgelés en hors saison)
10 feuilles de sauge environ
1 gousse d'ail
1 c. à soupe d'huile d'olive
Sel et poivre du moulin

1 Préchauffez le four à 200 °C (th. 6-7). Épluchez l'oignon, ôtez les racines et ciselez-le. Lavez les champignons. Ciselez la sauge en gardant quelques jolies feuilles pour décorer. Épluchez, dégermez et hachez la gousse d'ail.

2 Séparez les blancs des jaunes d'œufs. Réservez chaque jaune séparément. À l'aide d'un batteur électrique, fouettez les blancs en neige ferme avec une pincée de sel. Ajoutez l'oignon, poivrez et mélangez rapidement pour les incorporer. En vous aidant de deux cuillères à soupe, formez des petits nids sur une plaque recouverte de papier sulfurisé en creusant le centre. Enfournez pour 8 à 10 min en surveillant : les blancs doivent devenir légèrement dorés.

3 Pendant ce temps, faites revenir l'ail avec l'huile d'olive dans une poêle à feu vif, puis ajoutez les champignons et la sauge. Faites revenir jusqu'à ce que toute leur eau soit évaporée et qu'ils commencent à dorer. Salez et poivrez.

4 Retirez les blancs d'œufs du four, placez-les sur les assiettes et déposez délicatement 1 jaune d'œuf au centre de chaque nid. Répartissez la poêlée de champignons tout autour et servez parsemé des feuilles de sauge restantes.

1

2

Tournez la page pour
découvrir de délicieuses tartines

1 Tartines au chèvre

frais, fenouil râpé et miel

2 TARTINES	PRÉPARATION : 10 MIN

INGRÉDIENTS

2 tranches de pain aux céréales, complet ou au levain
60 g de chèvre frais
¼ de fenouil
2 c. à café de miel
Graines de fenouil
Sel et poivre du moulin

1 Retirez les branches vertes et le cœur du fenouil, puis découpez-le en très fines tranches, à l'aide d'une mandoline de préférence.

2 Tartinez un peu de chèvre frais sur les tranches de pain, préalablement grillées ou non. Répartissez le fenouil et ajoutez le reste du chèvre en l'émiettant. Arrosez de miel, salez, poivrez et parsemez de graines de fenouil.

2 Tartines au houmous,

truite fumée et pickles de betterave minute

2 TARTINES	PRÉPARATION : 10 MIN	CUISSON : 20 MIN

INGRÉDIENTS

2 tranches de pain aux céréales, complet ou au levain
40 g de houmous
2 tranches de truite fumée
½ betterave ou 1 petite
½ citron bio non traité
1 filet d'huile d'olive
4 tiges de ciboulette
Baies roses

1 Épluchez la betterave et découpez-la en petits quartiers. Faites-la cuire avec sa peau 20 min environ dans de l'eau bouillante salée : les quartiers doivent être tendres.

2 Tartinez de houmous les tranches de pain, préalablement grillées ou non. Ajoutez les tranches de truite fumée.

3 Égouttez les quartiers de betterave et répartissez-les sur les tartines. Arrosez d'huile d'olive, puis parsemez de baies roses écrasées et de la ciboulette ciselée en bâtonnets. Servez agrémenté d'un filet de jus de citron.

3 Avocado toasts

à la feta marinée au citron confit et piment

2 TARTINES	PRÉPARATION : 10 MIN	REPOS : 1 À 2 H

INGRÉDIENTS

2 tranches de pain aux céréales, complet ou au levain
1 avocat
40 g de feta
1 citron confit + un peu de jus du bocal
Piment oiseau en paillettes
Sel et poivre du moulin

1 Découpez la feta et le citron confit en petits cubes. Mélangez le tout avec le jus du citron confit, filmez et placez 1 à 2 h au réfrigérateur, en mélangeant de temps en temps.

2 Ouvrez l'avocat, puis ôtez le noyau et prélevez la chair. Déposez-la sur les tranches de pain, préalablement grillées ou non. Écrasez à l'aide d'une fourchette, puis émiettez la feta par-dessus. Salez, poivrez et parsemez de piment.

4 Tartines au fromage

frais, oeufs mollets et petits pois

2 TARTINES	PRÉPARATION : 10 MIN	CUISSON : 11 MIN

INGRÉDIENTS

2 tranches de pain aux céréales, complet ou au levain
50 g de fromage frais à tartiner (type Philadelphia®)
1 œuf
50 g de petits pois
1 petite poignée de pourpier
Sel et poivre du moulin

1 Faites blanchir les petits pois 5 min dans de l'eau bouillante salée. Égouttez.

2 Faites cuire l'œuf 6 min dans de l'eau bouillante. Passez-le sous l'eau froide pour le refroidir et stopper la cuisson, puis écalez-le délicatement et découpez-le en deux.

3 Répartissez le fromage frais sur les tranches de pain, préalablement grillées ou non. Parsemez de pourpier, déposez les moitiés d'œufs et répartissez les petits pois par-dessus. Salez et poivrez.

Je ne peux PAS j'ai un déj'...

C'est décidé, je déjeune au bureau !

LE DÉJEUNER AU TRAVAIL, C'EST TOUS LES JOURS LE MÊME CASSE-TÊTE, À SAVOIR CHOISIR ENTRE :

- **Aller à la cantine (quand il y en a une)**
  AVANTAGES : le repas n'est pas cher et on a en général la possibilité de manger équilibré.
  INCONVÉNIENTS : c'est PAS BON. Risque aussi de se retrouver à côté de Gégé du service achats, ce gros relou.

- **Sortir déjeuner au café à côté du bureau**
  AVANTAGES : c'est un peu meilleur et c'est moins glauque que la cantine.
  INCONVÉNIENTS : c'est plus cher mais pas non plus génial, et on finit toujours par prendre le croque mozza ou la salade auvergnate car la carte ne change JAMAIS.

- **Sortir plus loin pour aller dans un endroit cool**
  AVANTAGES : on choisit un endroit qu'on aime et on se régale.
  INCONVÉNIENTS : comme c'est un peu plus loin, notre boss finit par tiquer parce qu'on prend deux heures pour déjeuner. Et souvent, c'est cher.

-> LA SOLUTION ULTIME : apporter son repas.

POURQUOI C'EST PLUS SIMPLE QU'ON NE CROIT

O.K., ça demande un peu d'organisation, mais si Corinne de la repro' y arrive, pourquoi pas vous ? Il paraît qu'il faut trois semaines pour installer une habitude, vous avez donc trois semaines d'adaptation à tenir avant de devenir la *queen* du plateau-repas de bureau !

POUR SE LANCER

Rien de tel qu'un peu de planification pour démarrer sans encombre.

- Sélectionnez vos recettes de la semaine.

- N'oubliez pas de prévoir d'utiliser les restes de vos dîners.

- Prévoyez des contenants pratiques (boîtes en plastique, bento, lunch box indienne...)

- Assurez-vous d'avoir le temps de préparer vos déjeuners en choisissant un horaire et en vous y tenant (il paraît qu'il y a des gens qui arrivent à caler ça le matin avant de partir au travail, mais on ne les a jamais rencontrés). La technique du batch cooking peut être très intéressante à ce niveau-là (voir page 50).

À ÉVITER : 3 ERREURS À NE PAS COMMETTRE SI ON NE VEUT PAS RUINER SA RÉPUTATION

1. Apporter des plats qui sentent trop forts et vont empester l'*open space* pendant deux jours (merlan aux choux de Bruxelles, couscous-merguez et, bien sûr, les œufs durs trop cuits).
2. Opter pour des plats compliqués à manger ou qui en mettent partout (on oublie les moules au curry).
3. Dévoiler aux yeux des collègues votre passion pour la cervelle d'agneau ou les tripes à la mode de Caen.

Quelques idées gourmandes pour un chouette déjeuner tout prêt

Avocado toast + lanières de saumon fumé
+ salade tomates-feta

Rouleau de printemps + salade de carottes
au sésame + poulet mariné

Mini-sandwichs jambon et radis + fromage frais
aux herbes + concombre et oignons rouges

Makis de crevettes + aubergines au sésame
+ œuf mariné au soja

Wraps de poulet à la menthe + salade de quinoa,
herbes et pamplemousse + fromage frais

ASTUCE GAIN DE TEMPS

Vous passez plus de temps en cuisine depuis que vous préparez votre déjeuner ? Ne faites plus les courses tous les jours ! Faites-vous livrer directement de délicieux fruits et légumes frais, jambons, fromages et des tas d'autres délicieuses choses en direct des producteurs. Avec La ruche qui dit oui !, on a en plus la garantie de privilégier l'agriculture locale autour de chez soi, alors on dit merci qui ? La livraison se fait en 24 heures (sauf le dimanche) et on peut choisir son horaire. Oui, oui, oui !
Informations sur : www.alamaison.laruchequiditoui.fr

SHOPPING SPÉCIAL OFFICE LUNCH !

- Pour des bentos de toutes les formes et tout plein d'accessoires : www.bentoandco.com
- Pour des accessoires mignons et réutilisables (gourdes, sacs, étuis à snacks) : www.sans-bpa.com
- Parce qu'il faut un bon mug pour le café du déjeuner, on trouve plein de chouettes idées sur www.fleux.com
- Pour un brin de toilette après le festin (dentifrice, gel désinfectant qui sent vraiment bon et crème pour les mains) : www.aesop.com

Pour une mise en pratique de toutes ces résolutions, rendez-vous en page suivante !

Et si on *batch cookait ?*

Vous aussi en avez marre de vous contenter tous les midis d'un jambon-beurre aussi mou qu'insipide, du vieux steak-frites-ketchup de la cantine ou d'une salade de quinoa industrielle, vaguement *healthy* mais finalement bourrée d'additifs ? Que diriez-vous de vous préparer des petits plats maison en avance et de combiner ainsi gourmandise et plaisir ? Quoi ? Chronophage dites-vous ? C'est parce que vous ne connaissez pas encore la technique du batch cooking... Promis, ça va vous changer la vie (ou du moins améliorer considérablement vos midis !)

Pour en finir avec cette spirale infernale qui conduit inévitablement à acheter des plats tout préparés en supermarché ou en boulangerie, nous vous proposons une méthode et des astuces grâce auxquelles vous retrouverez le plaisir de cuisiner. Prenez le temps de déguster un repas sain et délicieux entre deux réunions avec des recettes faciles, originales et gourmandes. Testé et approuvé, voici le secret pour en finir avec la malbouffe et la déprime de la pause dej' !

Le secret

Réservez une heure dans votre semaine (idéalement en fin de semaine, mais si, vous savez, ce fameux dimanche soir d'ordinaire ultra-déprimant et ennuyeux !) et lancez-vous dans la préparation de recettes de base se conservant quelques jours au réfrigérateur Ensuite, vous n'aurez qu'à les assembler, les puncher avec un ou deux ingrédients supplémentaires, pour réaliser de bons petits plats que vous n'aurez plus qu'à glisser dans votre bento ou votre joli tupperware pour le lendemain.

Les préparations de base

Elles ont toutes été pensées pour 1 repas, mais n'hésitez pas à multiplier les proportions si vous souhaitez préparer également des gamelles à votre moitié(e), votre collègue préféré(e) ou si vous voulez réutiliser un ingrédient dans plusieurs plats (marche aussi pour les super gourmandes).

Tomates et ail confits au four

1 PORTION	PRÉPARATION : 5 MIN	CUISSON : 45 MIN

INGRÉDIENTS

250 g de petites tomates
1 branche de thym
1,5 gousses d'ail non pelées
1/2 c. à café de fleur de sel
1/2 c. à soupe de sucre
1 c. à soupe d'huile d'olive

Préchauffez le four à 180 °C. Rangez les tomates serrées, en une seule couche, dans un petit plat à four. Glissez le thym et les gousses d'ail entre les tomates. Salez, saupoudrez de sucre et arrosez d'huile d'olive. Enfournez pour 45 min. Laissez les tomates refroidir dans le four éteint pour finir de les confire. Filmez le plat hermétiquement ou transvasez le tout dans un plat de conservation, fermez-le et réservez au réfrigérateur.

CONSERVATION : 3 À 4 JOURS AU RÉFRIGÉRATEUR

Tranches d'aubergine grillées

1 PORTION	PRÉPARATION : 5 MIN	CUISSON : 20 MIN

INGRÉDIENTS

1 petite aubergine
1 c. à soupe d'huile d'olive
sel

Préchauffez le four à 180° C. Lavez l'aubergine, retirez les extrémités puis coupez-la en tranches d'1 cm. Étalez-les sur la plaque du four recouverte de papier cuisson puis arrosez d'un filet d'huile d'olive et salez. Enfournez pour 20 min. En fin de cuisson, retournez les tranches qui sont déjà assez grillées. Rangez les aubergines encore chaudes dans un plat de conservation supportant la chaleur et fermez. Placez au réfrigérateur une fois refroidies.

CONSERVATION : 4 JOURS AU RÉFRIGÉRATEUR

Polenta prête à couper

1 PORTION	PRÉPARATION : 10 MIN	CUISSON : 3 MIN

INGRÉDIENTS

60 g de polenta précuite
30 cl d'eau
1 c. à soupe d'huile d'olive + 1/2 pour le plat
1/2 c. à soupe de thym effeuillé
sel et poivre

Dans une casserole, portez l'eau à ébullition. Versez-y la polenta en pluie et mélangez vivement avec une cuillère en bois. Salez, poivrez. Ajoutez l'huile d'olive et le thym. Laissez cuire à feu moyen en remuant bien pendant 3 min, ou jusqu'à ce que la polenta se détache des bords. Versez-la aussitôt dans un mini-plat à cake huilé. Laissez le cake de polenta refroidir, puis démoulez-le. Filmez-le et réservez-le au réfrigérateur.

CONSERVATION : 3 JOURS AU RÉFRIGÉRATEUR

Jolies pâtes pour salade ou gratin

1 PORTION	PRÉPARATION : 1 MIN	CUISSON : 10 À 12 MIN SELON LES PÂTES

INGRÉDIENTS

75 g de grosses pâtes type spirales
1/2 c. à soupe d'huile d'olive

Portez une grande casserole d'eau salée à ébullition. Jetez-y les pâtes, remuez et laissez-les cuire le temps indiqué sur l'emballage, pour qu'elles soient *al dente*. Égouttez-les, rincez-les sous un filet d'eau froide puis versez-les dans un plat de conservation en les mélangeant avec l'huile d'olive. Fermez le plat et réservez au réfrigérateur.

CONSERVATION : 3 À 4 JOURS AU RÉFRIGÉRATEUR

Rondelles de saucisses grillées

1 PORTION	PRÉPARATION : 2 MIN	CUISSON : 12 À 15 MIN

INGRÉDIENTS

2 chipolatas nature ou aux herbes
huile

Faites griller les saucisses dans une poêle huilée pendant 12 à 15 min. Une fois refroidies, coupez-les en rondelles. Placez-les dans un contenant hermétique et réservez au réfrigérateur.

CONSERVATION : 3 JOURS AU RÉFRIGÉRATEUR

Rondelles de courgettes grillées

1 PORTION	PRÉPARATION : 10 MIN	CUISSON : 10 À 15 MIN

INGRÉDIENTS

1 courgette de taille moyenne
1 c. à soupe d'huile d'olive

Préchauffez le four à 180 °C. Lavez la courgette, retirez les extrémités, puis coupez-la en rondelles de 3 mm d'épaisseur. Étalez-les sur la plaque du four recouverte de papier cuisson, arrosez d'huile d'olive et enfournez pour 10 à 15 min. Placez les courgettes refroidies dans un plat de conservation, fermez-le. Réservez au réfrigérateur.

CONSERVATION : 3 À 4 JOURS AU RÉFRIGÉRATEUR

Le lundi midi :

Salade de lentilles

1 TUPPERWARE®	PRÉPARATION DU SOIR : 15 MIN

INGRÉDIENTS

Ingrédients déjà prêts :

rondelles de saucisses grillées (p. 52)

Ce que je rajoute :

60 g de lentilles vertes
1 feuille de laurier
1 c. à soupe de vinaigre de vin rouge
2 c. à soupe d'huile de noix (ou d'olive)
1 c. à café de moutarde à l'ancienne
1/2 échalote
quelques branches de persil plat
1 c. à soupe de pignons

Faites mijoter les lentilles dans un grand volume d'eau avec la feuille de laurier pendant 25 min. Laissez refroidir. Réalisez une vinaigrette avec le vinaigre, la moutarde et l'huile, puis ajoutez l'échalote finement ciselée et du sel. Émincez les saucisses en rondelles de 1 cm. Hachez le persil préalablement lavé. Dans un saladier, mélangez les lentilles avec la vinaigrette et le persil, puis ajoutez les saucisses et les pignons.

S'il me manque :

• LES LENTILLES : remplacez-les par du quinoa ou des pâtes.
• LA SAUCISSE : remplacez-la par de la poitrine fumée coupée en allumettes ou du saucisson sec épluché et taillé en très petits dés.
• LES PIGNONS : remplacez-les par des noix hachées.
• LE PERSIL : remplacez-le par l'herbe de votre choix.

Le mardi midi :

Salade de pâtes, courgettes et feta

1 TUPPERWARE®	PRÉPARATION DU SOIR : 15 MIN

INGRÉDIENTS

Ingrédients déjà prêts :

pâtes (p. 52)
rondelles de saucisses grillées (p. 52)
rondelles de courgettes grillées (p. 52)

Ce que je rajoute :

1/2 c. à soupe de jus de citron
1 c. à soupe d'huile d'olive
50 g de feta
60 g de tomates cerises
le zeste d'1/4 de citron non traité
quelques brins de basilic
1 c. à soupe de pignons

Versez le mélange de jus de citron et d'huile sur les pâtes, dans un grand saladier. Remuez bien. Coupez la feta en petits cubes, les tomates cerises en deux et les saucisses en rondelles de 1 cm. Mélangez tous les ingrédients avec les pâtes. Salez et poivrez. Parsemez de basilic ciselé.

S'il me manque :

• LES PÂTES : remplacez-les par du quinoa.
• LES COURGETTES : remplacez-les par des artichauts à l'huile, égouttés et coupés en quatre.
• LA FETA : remplacez-la par de la mozzarella ou du fromage de chèvre frais.

Le mercredi midi :

Gratin de polenta

1 TUPPERWARE®	PRÉPARATION DU SOIR : 10 MIN	CUISSON : 15 MIN

INGRÉDIENTS

Ingrédients déjà prêts :

polenta (p. 51)
tomates et ail confits au four (p. 51)
rondelles de courgettes grillées (p. 52)

Ce que je rajoute :

25 g de parmesan râpé
1 branche de thym
1/2 c. à soupe d'huile d'olive

Préchauffez le four à 200 °C. À l'aide d'une fourchette, écrasez grossièrement les tomates et les gousses d'ail directement dans un petit plat huilé allant au four. Retirez la peau des tomates et des gousses d'ail. Coupez la polenta en tranches de 1 cm d'épaisseur, puis recoupez-les en deux.

Étalez les tomates dans le fond du plat. Recouvrez de tranches de polenta et de courgettes. Arrosez avec l'huile d'olive restante et saupoudrez de parmesan râpé. Enfournez pour 10 min, et terminez éventuellement par quelques minutes sous le gril.

S'il me manque :

- LA POLENTA : remplacez-la par des pâtes ou du quinoa (p. 52).
- LES TOMATES CONFITES : remplacez-les par un bocal de sauce tomate.
- LE PARMESAN : remplacez-le par du comté ou de l'emmental râpé.

Le jeudi midi :

Aubergines à la parmesane

1 TUPPERWARE®	PRÉPARATION DU SOIR : 15 MIN	CUISSON : 20 À 30 MIN

INGRÉDIENTS

Ingrédients déjà prêts :

aubergines grillées (p. 51)
tomates et ail confits au four (p. 51)

Ce que je rajoute :

25 g de parmesan râpé
¼ de boule de mozzarella
1 branche de thym frais
1 c. à soupe d'huile d'olive

Préchauffez le four à 180 °C. À l'aide d'une fourchette, écrasez grossièrement les tomates et les gousses d'ail directement dans le plat. Retirez la peau des tomates et des gousses d'ail. Étalez bien la tomate dans le fond du plat puis une couche d'aubergines. Saupoudrez de parmesan et recommencez jusqu'à épuisement des ingrédients. Pour finir, répartissez la mozzarella coupée en morceaux sur le dessus du plat, parsemez de thym effeuillé et arrosez d'un filet d'huile d'olive. Enfournez pour 20 à 30 min.

S'il me manque :

- LES TOMATES CONFITES : remplacez-les par un bocal de sauce tomate.
- LE PARMESAN : remplacez-le par du pecorino, du fromage de brebis ou du comté râpé.

Et le vendredi midi, on a bien mérité un p'tit restau, non ? (si bien sûr vous n'avez pas posé votre aprem pour un week-end prolongé, veinarde !)

Un buddha bowl de saison,
p. 58-59

Eaux de fruits, p. 66
Une tartine de super avocat
(découvrez ses bienfaits p. 76)

UN *bol* PAS possible !

Le buddha bowl, qu'est-ce que c'est ? Apparu sur les réseaux on ne sait trop comment, le buddha bowl est un « bol repas » élaboré dans un esprit à la fois ludique et équilibré. En gros, il s'agit d'un bol avec plein de trucs dedans. Mais attention, n'importe quel fond de vieilles carottes râpées ne fera pas l'affaire !

Pour que votre bol reçoive la bénédiction du Bouddha, il devra correspondre à certains critères plus ou moins officiels.

- Comporter au moins cinq ou six ingrédients différents.
- Faire la part belle au végétal (on ne connaît pas de buddha bowl raclette et saucisson, quoique...).
- Jouer la diversité entre céréales, fibres, protéines et aromates.
- Être dressé soigneusement, ingrédient après ingrédient (pas de grand mix façon gloubi-boulga).

4 RÈGLES D'OR POUR RÉUSSIR SON BUDDHA BOWL

- Privilégiez l'utilisation de restes : ne faites pas les courses « pour » le buddha bowl, même si, bien sûr, on vous autorise à sortir acheter un avocat.
- Utilisez des produits de bonne qualité, frais et de saison.
- Ne sous-estimez pas l'assaisonnement : sauces, épices et condiments feront l'âme de votre buddha bowl.
- Il doit être aussi beau à regarder que bon à manger.

BUDDHA STYLES

Envie de décliner vos buddha bowls à l'infini ? Voici quelques pistes à suivre pour ne jamais vous lasser.

- **Monochrome :** tout vert, tout orange ou délicatement dégradé dans des tons roses et violets, votre buddha bowl en verra de toutes les couleurs.
- **Tout sucre :** amusez-vous à décliner votre buddha bowl en version sucrée – fruits, granola, biscuits, crème de marrons et (pourquoi pas) crème fouettée et chocolat fondu.
- **Vegan :** légumes grillés, râpés, croquants ou marinés, céréales bien épicées... Qui a dit que le buddha bowl avait besoin d'être carné ?

MON BUDDHA BOWL SUR INSTA

L'une des raisons du succès foudroyant du buddha bowl vient de son potentiel hautement instagrammable : il est beau, coloré et appétissant ; sa photogénie fait clairement sa popularité. Soignez donc son look avant de poster... et de vous régaler !

GRAINES ET AUTRES POUSSES DE SALADES COMPATIBLES

- Un bon granola salé apportera du goût et de la gourmandise. À réaliser soi-même ou à trouver en réseau bio (granola salé, fenouil et épices, Catherine Kluger).
- Du *furikake*, un mélange de graines, d'épices et d'aromates que les Japonais saupoudrent sur leurs riz et salades (nombreuses références à partir de 2,50 € le sachet sur www.kioko.fr).
- Des graines germées fraîches. Colorées, délicieuses, elles donneront un vrai coup de peps et de frais à votre buddha bowl. Alfalfa, radis, lentilles, roquette, cresson et même poireau, on en trouve désormais facilement en magasins bio.
- De bons fruits secs apporteront un max de gourmandise : prévoyez pignons de pin, noix de pécan, pistaches ou noisettes grillées (cf : p. 16).

LA CRÈME DE LA CRÈME

Un ingrédient de texture crémeuse est un atout pour donner gourmandise et liant à votre buddha bowl, ne le zappez pas ! Houmous (la star), mais aussi yaourt grec, caviar d'aubergines, purée de betteraves, guacamole ou tarama seront vos alliés gourmandise (idées tartinades page 130).

ALL AROUND THE BOWL

Déclinez vos buddha bowls selon les grandes cuisines du monde !

ITALIE
tomates + courgettes râpées + aubergines rôties + olives noires + mozzarella + anchois

JAPON
nouilles soba + tofu grillé + avocat + chou râpé + huile de sésame + sauce soja + œufs de saumon

INDE
lentilles corail + poulet mariné au curry + pousses d'épinards + butternut au lait de coco – riz basmati

THAÏLANDE
porc grillé + cacahuètes + basilic thaï + papaye verte râpée + piment + citron vert + riz au jasmin + œuf salé

GRÈCE
concombre + oignons + feta + tomates + pignons de pin + origan + haricots borlotti

MAROC
agneau grillé + taboulé + tomates cerises + carottes au cumin + menthe + coriandre

Magret de canard,
betteraves et polenta

2 PERSONNES	PRÉPARATION : 10 MIN	CUISSON : 15 MIN

INGRÉDIENTS

1 magret de canard peau entaillée
120 g de polenta instantanée
6 petites betteraves en quartiers
1 c. à soupe de miel
3 brins de thym
1 poignée de micropousses de betteraves
2 c. à soupe d'huile d'olive

1 Poêlez le magret côté peau en éliminant le gras au fur et à mesure, puis retournez-le pour dorer l'autre côté.

2 Placez les betteraves sur une plaque avec le miel, l'huile, le thym, puis salez, poivrez et mélangez pour bien les enrober. Ajoutez le magret au milieu et enfournez 15 min à 180 °C.

3 Faites bouillir ½ l d'eau salée et versez la polenta en fouettant. Laissez cuire 1 min, puis retirez du feu. Mélangez et répartissez dans les bols. Ajoutez le magret découpé en fines tranches et les betteraves, arrosez avec le jus du plat et parsemez de micropousses de betteraves.

Comme un bibimbap
au poulet

2 PERSONNES	PRÉPARATION : 10 MIN	CUISSON : 15 MIN

INGRÉDIENTS

1 verre de riz gluant cuit
2 blancs de poulet en petits morceaux
½ carotte en fins bâtonnets
4 c. à soupe de sauce soja
1 c. à café d'huile de sésame
2 cm de gingembre haché
Quelques graines de sésame
Quelques rondelles de piment oiseau
1 c. à soupe de miel
1 c. à soupe de sésame noir
2 œufs
200 g de pousses d'épinards

1 Faites dorer le poulet avec la sauce soja et le miel, puis réservez.

2 Faites sauter les carottes environ 2 min en remuant. Réservez et faites revenir rapidement les pousses d'épinards.

3 Dans chaque bol, répartissez le riz, les carottes, les épinards et le poulet bien chauds. Déposez un jaune d'œuf au centre et parsemez de sésame noir.

Tofu grillé,
nouilles soba et shiitakés

2 PERSONNES	PRÉPARATION : 15 MIN	CUISSON : 10 MIN

INGRÉDIENTS

1 gousse d'ail hachée
200 g de nouilles soba cuites
4 c. à soupe de sauce soja
1 c. à café d'huile de sésame
2 cm de gingembre haché
Quelques graines de sésame
Quelques rondelles de piment oiseau
2 cives ou cébettes ciselées
250 g de shiitakés
3 cm de gingembre haché
200 g de tofu en petits dés
½ chou blanc en fines lamelles

1 Mélangez le tofu, l'ail, le gingembre et la sauce. Filmez et placez au frais pendant 1 h en remuant de temps en temps.

2 Faites dorer le tofu égoutté à feu vif et réservez. Faites réduire la marinade à feu vif et ajoutez les shiitakés. Faites-les dorer 2 min et réservez. Disposez le chou dans la poêle et faites-le revenir 2 min en remuant. Faites cuire les nouilles.

3 Dans chaque bol, déposez les nouilles, le tofu, les shiitakés et le chou. Parsemez de cive ciselée.

SWEET SWEET détox

Disons-le franchement : peu de termes aujourd'hui sont aussi galvaudés que celui de « détox ». Entre les smoothies, les super aliments, les tisanes, les céréales, tout et n'importe quoi pourrait passer pour détox ; on a même vu passer des quenelles détox (évidement que c'est vrai comment aurait-on pu inventer un truc pareil... et si vous ne nous croyez pas, allez voir en ligne !)

Il est donc grand temps de se pencher un peu sur le sujet !

LA DÉTOX QU'EST-CE QUE C'EST, À LA FIN ?

Soyons clair, tous les scientifiques s'accordent pour dire que cela ne correspond à aucun phénomène physiologique concret. Aucun aliment quel qu'il soit (et surtout pas les quenelles) n'est censé « purifier » ou « laver » notre intérieur, bien que cette perspective soit sympathique.

En revanche, il est vrai qu'il est très agréable et très efficace, de temps en temps, de lever le pied sur les viennoiseries, de manger (et boire) plus sain et plus léger et de réserver la choucroute royale aux jours de fête. Si vous avez sincèrement l'impression que ces pratiques fonctionnent, c'est simplement car vous aurez pris, à une période, plus de temps pour vous et pour prendre soin de votre organisme. Et que, mine de rien, quand on arrête l'alcool, les frites, le Paris-Brest et la saucisse de Toulouse, on se sent plus léger. C'est prouvé (non ? si !)

LA DÉTOX, C'EST DONC UNE PÉRIODE OÙ L'ON PREND SOIN DE SOI AVEC DES ALIMENTS SAINS, LÉGERS, NATURELS ET FACILES À DIGÉRER.

POUR SE SENTIR MIEUX :

- On laisse tomber systématiquement les aliments transformés. Surtout, SURTOUT ceux estampillés « détox ».
- On achète des produits frais, de saison et, si possible, issus de l'agriculture biologique.
- On diminue la viande et les charcuteries (non, le saucisson à la noisette n'est pas détox).
- On diminue les aliments trop raffinés (pain blanc, pâtes industrielles, sucre blanc, etc.) au profit d'aliments bruts et complets, bien meilleurs pour la digestion et plus généralement pour le corps.
- On se fait plaisir avec de bons thés, de vraies tisanes aux vrais morceaux de fruits (donc sans arômes ajoutés) et des boissons fermentées de type kéfir ou kombucha.
- On s'offre un livre de cuisine avec plein de bonnes idées de recettes pour se régaler léger (*Cuisine Détox : 120 recettes pour décoller du canapé*, éditions Larousse).
- On voit les choses dans leur globalité : on reprend le yoga, on arrête la cigarette (rappel : tout comme le saucisson à la noisette, la cigarette mentholée n'est pas détox), on va se faire masser, bref, on se fait du BIEN.

ON MET DANS NOS PLACARDS :

- Du thé vert ;
- des agrumes (vive le pamplemousse !) ;
- des bouillons ;
- des farines complètes ;
- du cacao cru ;
- des baies rouges séchées (goji, cranberries, etc.) ;
- des fruits secs ;
- des graines germées ;
- du sucre complet (musovado ou panela) ;
- des farines sans gluten (riz, sarrasin, maïs, etc.) pour alterner.

LES ACCESSOIRES À AVOIR CHEZ SOI POUR UNE CURE DE DÉTOX SYMPA :

- Un cuit-vapeur en bambou (oui, le panier qu'on trouve toujours joli dans les épiceries asiatiques, sans trop savoir comment s'en servir). En plus d'être peu onéreux et parfaitement naturel, il produit une vapeur très humide qui préserve au mieux les nutriments des aliments. Tout bénef' !
- Un extracteur de jus ou une centrifugeuse (retrouvez des idées de jus à faire avec votre extracteur p. 32). Attention cependant à l'excès de sucre avec les jus de fruits.
- Une yaourtière, pour faire de vrais yaourts fermentés maison, pleins de bons nutriments pour l'organisme.
- Un moule à pain, pour se lancer dans de la boulangerie home made, saine et gourmande.
- Un germoir pour faire pousser ses propres graines germées (hyper facile, promis ;).

À fuir ! Les dangers de la pratique « détox » version charlatans !

Attention, certaines pratiques soit disant détox peuvent être très borderline et faire tomber dans des pratiques anorexigènes. Sont particulièrement visés le jeûne ou les régimes de type monodiète. Arrêter de manger, que ce soit de tout ou seulement certaines catégories d'aliments, ne fait de bien à personne. C'est même le contraire, les amis : nous avons besoin de nourriture variée pour bien fonctionner, c'est également prouvé.

Salade vapeur

cabillaud et asperges

4 PERSONNES	PRÉPARATION : 30 MIN	CUISSON : 15 MIN

INGRÉDIENTS

1 botte d'asperges vertes
450 g de dos de cabillaud
300 g de tomates cerises en quartiers
½ botte de radis hachés
le jus de 1 citron
10 cl d'huile d'olive
Sel

1 Retirez la base fibreuse des asperges et faites-les cuire 5 à 6 min à la vapeur. Refroidissez-les aussitôt sous l'eau glacée puis coupez-les en morceaux.

2 Salez et poivrez les dos de poisson et faites-les cuire environ 7 min à la vapeur, puis détachez-le.

3 Faites fondre le sel dans le jus de citron, puis ajoutez l'huile et émulsionnez.

4 Mélangez les éléments de la salade sur un grand plat avec la moitié de la sauce, déposez les morceaux de cabillaud sur le dessus et arrosez du restant de sauce.

BIENFAITS DETOX :

Asperge

Très peu caloriques et bourrées de vitamines, les asperges font partie des légumes les plus antioxydants.

Radis

En poussant sous terre, le radis se charge d'oligo-éléments et de minéraux essentiels à notre organisme. Constitué d'eau à 90 % , il est très peu calorique et participe à une bonne hydratation du corps.

Cuisson à la vapeur

La cuisson à la vapeur est très bénéfique car elle n'agresse pas les aliments, et leur permet ainsi de conserver toutes leurs vitamines et tous leurs minéraux. Le goût naturel des aliments est également mieux préservé.

Eau de pastèque
à la menthe

1 LITRE	PRÉPARATION : 5 MIN	REPOS : 12 H

INGRÉDIENTS

400 g de pastèque
25 feuilles de menthe fraîche
1 filet de jus de citron
1 l d'eau

1 Coupez la pastèque en tronçons. Déchirez les feuilles de menthe les plus grandes. Placez tous les ingrédients dans un bocal.

2 Laissez macérer 12 heures au frais avant de déguster.

BIENFAITS DETOX :

Pastèque
Tout comme le melon, la pastèque contient des caroténoïdes, principalement du lycopène. Ce dernier lutte contre les inflammations et le cholestérol. C'est également un des aliments les plus riches en citrulline, un acide aminé bénéfique pour les vaisseaux sanguins.

Menthe
Rafraîchissante, la menthe est très facile à cultiver au jardin ou en pot sur le balcon. Elle contient de la vitamine K, qui participe à la coagulation du sang.

Eau aux herbes

1 LITRE	PRÉPARATION : 5 MIN	REPOS : 12 H

INGRÉDIENTS

15 g de persil frais
5 g d'estragon frais
15 g de coriandre fraîche
10 de sauge fraîche
1 filet de jus de citron
1 l d'eau

1 Placez tous les ingrédients dans un bocal.

2 Laissez macérer 12 heures au frais avant de déguster.

BIENFAITS DETOX :

Fines herbes
Elles bénéficient d'un pouvoir antioxydant très intéressant, luttant contre les effets néfastes des radicaux libres dans le corps, aidant ainsi à prévenir le vieillissement. Elles sont en outre source de vitamine K et de fer. La sauge serait également bénéfique au bon fonctionnement du foie, et l'estragon aiderait à soulager les troubles de l'anxiété.

Eau à la betterave citron-gingembre

1 LITRE	PRÉPARATION : 5 MIN	REPOS : 12 H

INGRÉDIENTS

250 g de betterave (variété chioggia de préférence)
3 cm de gingembre frais
1 citron
1 l d'eau

1 Coupez la betterave en rondelles. Pelez le gingembre et détaillez-le en fines lamelles. Enlevez au couteau l'écorce du citron, comme pour réaliser des suprêmes, et coupez la chair en rondelles.

2 Placez tous les ingrédients dans un bocal. Laissez macérer 12 heures au frais avant de déguster.

BIENFAITS DETOX :

Gingembre
C'est un bon tonifiant général, il favorise la digestion et aurait même un effet préventif sur les nausées du mal des transports.

Betterave
Elle figure parmi les légumes ayant le plus fort pouvoir antioxydant. Elle contient de la bétalaïne, un antioxydant responsable de sa couleur foncée, qui aurait des vertus anti-inflammatoires et stimulantes pour le foie. Sa peau contiendrait trois fois plus d'antioxydants que sa chair – ne la pelez donc pas.

Cocktail pétillant ananas-kiwi

1 LITRE	PRÉPARATION : 5 MIN	REPOS : 12 H

INGRÉDIENTS

200 g de chair d'ananas
2 kiwis
1 filet de jus de citron
50 cl d'eau plate
50 cl d'eau très pétillante

1 Détaillez la chair d'ananas en morceaux. Pelez les kiwis et coupez-les en morceaux.

2 Placez les fruits avec le jus de citron et l'eau de source dans un bocal.

3 Laissez macérer au frais pendant 12 heures au moins. Au moment de servir, allongez la boisson avec l'eau pétillante.

BIENFAITS DETOX :

Ananas
Grâce à une enzyme qu'il contient, la broméline, on prête à l'ananas de multiples vertus : il serait anti-inflammatoire, anti-tumoral, mais également bénéfique à la digestion et à la circulation sanguine. Il est par ailleurs très riche en manganèse.

Kiwi
C'est une source importante de vitamine K, et un des fruits les plus riches en vitamine C, qui est antioxydante.

Poulpe Fiction

Alors, s'il y en a un qu'on n'avait pas vu venir en termes de tendance lourde, c'est bien le poulpe ! Autrefois jugé peu ragoûtant (#tentacule #ventouse #hiiiiiii) et long à préparer, il restait cantonné à des dégustations de bord de mer lors de soirées d'été. Et puis, sans crier gare, on le voit aujourd'hui sur toutes les tables les plus pointues. Les chefs de la bistronomie comme les grands noms de la haute cuisine se l'arrachent, et nous voici à baver devant les milliers de poulpes broadcastés chaque jour sur Instagram. Que s'est-il passé ? Voici en exclusivité mondiale (rien que pour vous) les raisons d'une success-story inattendue.

Pourquoi le poulpe est partout ?

- **C'est trop bon !**
- **Le tentacule, si on sait le prendre en photo, a une sacrée allure.**
- **Sa couleur rose offre de jolies options de compositions dans l'assiette.**
- **Il offre un bon rapport qualité-prix au poids.**
- **On peut le préparer à l'avance et l'assaisonner au dernier moment (et ça, c'est un vrai avantage pour les chefs).**

SOS POULPE

Envie de manger du poulpe, mais aucune envie de le cuisiner ? On trouve chez certains poissonniers et dans les bonnes épiceries fines des pattes de poulpes sous vide déjà cuites, qui sont très pratiques à utiliser. Autre option : votre enseigne de surgelés préférée aura sans doute de quoi satisfaire vos papilles. Enfin, les épiceries portugaises regorgent de très belles conserves d'ingrédients marinés, dont toujours quelques références de poulpe, nature, assaisonné ou au piment.

- Morceaux de poulpes à l'huile d'olive et au basilic chez Picard ;
- poulpe fumé (*polvo fumado*) de la Conserveira de Lisboa, en vente dans les épiceries portugaises ;
- pattes de poulpes au naturel à la Grande Épicerie de Paris.

POULPE CUISSON : PAS DE PANIQUE !

Vous avez peur de rater le poulpe ? Ce serait le pompon. Respectez les quelques conseils suivants pour réussir sans frémir la cuisson poulpesque de vos rêves.

1. Demandez à votre gentil poissonnier de nettoyer le poulpe, surtout si c'est votre première fois.
2. Congelez le poulpe 24 heures avant de le préparer ; c'est LE secret facile et efficace pour un poulpe aussi tendre qu'une cuisse de bébé.
3. Faites-le frémir au court-bouillon, mais JAMAIS bouillir fortement.
4. Ne salez l'eau qu'en fin de cuisson.
5. Testez sa cuisson au couteau.

N'oubliez pas qu'une cuisson grillée ou au barbecue demande toujours que le poulpe soit auparavant précuit au court-bouillon.

TROIS GRANDS PLATS DE LA GASTRONOMIE MONDIALE À BASE DE POULPE À DÉCOUVRIR

- **AU JAPON :** les *takoyaki*, une sorte de boules de pâtes à crêpe farcies de poulpe et de ciboulette. Elles se dégustent brûlantes et recouvertes de mayonnaise. Régressif !

- **EN FRANCE :** la trop méconnue tielle sétoise, tourte garnie d'un ragoût longuement mijoté de poulpe et de tomates pimentées, est un must absolu. Pointu !

- **EN ESPAGNE :** la recette reine de poulpe, c'est le *pulpo a la gallega* (recette en page suivante). Le poulpe coupé en tranches est servi sur de fines rondelles de pommes de terre tièdes, et agrémenté de paprika et d'un filet d'huile d'olive. Gourmand !

QUATRE ADRESSES OÙ MANGER DU BON POULPE

- **Seoul Mama,** pour une salade de poulpe à la coréenne, fraîche et parfaitement assaisonnée (33, rue Violet, 75015 Paris).

- **Les Arlots,** quand le chef Thomas Brachet met le poulpe à sa carte, c'est toujours une réussite (136, rue du Faubourg-Poissonnière, 75010 Paris).

- **Yaya,** ici on s'y connaît en cuisine et en produits méditerranéens de qualité, le poulpe y est toujours bien traité (8, rue de l'Hippodrome, 93400 Saint-Ouen).

- **Chez Toinou,** on choisit ses mollusques et fruits de mer au comptoir pour les déguster sur place, ou on les prend à emporter directement à l'étalage. Toujours à la bonne franquette, jamais décevant (3, cours Saint-Louis, 13001 Marseille + 3 autres adresses dans les Bouches-du-Rhône).

Mariages poulpeux, mariages heureux

Quelques alliances qui font mouche avec le poulpe :

Citron vert + coriandre + nuoc-mâm + piment vert

Olives noires + pommes de terre + oignons frais

Paprika fumé + menthe

Artichauts + cumin + citron confit

Et TOUJOURS avec de l'huile d'olive !

Poulpe à la gallega

4 À 6 PERSONNES	PRÉPARATION : 15 MIN	CUISSON : 50 MIN

INGRÉDIENTS

1 poulpe frais
1 oignon
quelques grains de poivre noir
2 feuilles de laurier
6 à 8 pommes de terre
1 ½ c. à café de paprika doux
½ c. à café de paprika fort
huile d'olive
sel et poivre

1 Si le poulpe est frais, il faudra l'attendrir en le tapant avec un rouleau à pâtisserie pour casser les fibres. Vous pouvez aussi le congeler avant de faire la recette et laisser décongeler la veille.

2 Faites chauffer une grande casserole d'eau, déposez l'oignon, les grains de poivre et le laurier. Quand l'eau bout, plongez-y le poulpe et ressortez-le. Recommencez deux fois de suite, puis laissez le poulpe cuire (comptez 30 min pour un poulpe de 1 kg). Retirez du feu et égouttez.

3 Déposez les pommes de terre dans l'eau de cuisson du poulpe. Quand elles sont cuites, égouttez-les, pelez-les et coupez-les en rondelles. Salez, poivrez, déposez-les sur un plat.

4 Ajoutez le poulpe, coupé en tronçons (version traditionnelle) ou en gardant 2 ou 3 tentacules entières. Parsemez de paprika doux et de paprika fort, de sel et versez un filet d'huile d'olive. Servez à température ambiante.

Poke tako au poulpe,

avocat et fenouil

? PERSONNES	PRÉPARATION : 35 MIN	REPOS : 12 H	CUISSON : 1H15

INGRÉDIENTS

1 petit poulpe
1 bouquet garni
1 cuill. à soupe de vinaigre de riz
2 cuill. à soupe de graines de sésame
1 gousse d'ail
1 cuill. à soupe de paillettes d'algues mélangées
2 petits fenouils
½ jus de citron
1 cuill. à soupe d'huile de sésame
2 avocats

Pour le riz :

450 g de riz à sushi ou de riz rond
60 cl d'eau

Pour la marinade :

4 cuill. à soupe de sauce soja
3 cuill. à soupe d'huile de sésame grillé

1 Rincez le poulpe et plongez-le dans une grande casserole d'eau bouillante salée avec le bouquet garni. Couvrez et laissez mijoter pendant 1 heure à feu doux.

2 Égouttez le poulpe et nettoyez-le bien à nouveau. Coupez les tentacules en tronçons d'1,5 cm.

3 Préparez la marinade. Mélangez la sauce soja et l'huile de sésame. Incorporez le vinaigre de riz, le sésame, l'ail écrasé et les algues. Ajoutez le poulpe et laissez mariner au frais pendant au moins 12 heures.

4 Le lendemain, préparez le riz. Versez-le dans une grande casserole et rincez-le à l'eau, jusqu'à ce que celle-ci soit claire. Égouttez-le puis remettez-le dans la casserole avec 60 cl d'eau. Portez à ébullition et comptez 12 min de cuisson à feu doux, à couvert. Laissez reposez 10 min hors du feu, sans (jamais !) retirer le couvercle. Remuez ensuite le riz très délicatement à l'aide d'une spatule pour l'aérer. Laissez-le tiédir à l'air libre.

5 Lorsque le riz a refroidi, lavez les fenouils, réservez les plumets, retirez les premières feuilles dures et le cône de base puis émincez-les très finement avec une mandoline. Arrosez de jus de citron et d'huile de sésame avant de répartir sur le riz.

6 Coupez les avocats, retirez le noyau et détaillez-les en dés d'1,5 cm de côté. Mélangez-les au poulpe mariné et dressez dans les bols. Parsemez du plumet de fenouil ciselé.

Salade de poulpe,

pêches et avocats

4 PERSONNES	PRÉPARATION : 10 MIN	CUISSON : 40 MIN

INGRÉDIENTS

1 gros avocat en lamelles
400 g de poulpe préparé par le poissonnier
4 oreillons de pêches au sirop ou 2 belles pêches jaunes (selon la saison) en lamelles
¼ de botte de persil plat ciselée
1 oignon vert (ciboule) ciselé
1 citron vert
2 c. à soupe d'huile d'olive + 1 filet
1 pincée de piment de Cayenne
Sel

1 Faites cuire le poulpe au court-bouillon 35 min environ. Dans un saladier, mélangez l'avocat avec les pêches, le persil et l'oignon, puis ajoutez le jus et le zeste du citron vert, 2 c. à soupe d'huile d'olive et du sel.

2 Égouttez le poulpe et coupez-le en morceaux. Saupoudrez-le de piment et faites-le griller dans une poêle avec le filet d'huile d'olive. Servez tiède, accompagné de la salade.

J'exige UN avocat !

Enfant de l'Amérique du Sud, ce fruit vert à l'incomparable fondant fait un malheur aux quatre coins du monde. Délicieux et bourré de vertus bonnes pour notre organisme, l'avocat possède par ailleurs cette jolie couleur qui fait le bonheur des photographes instagrameurs gourmands. Un aliment bon pour notre santé, joli et délicieux à manger ? N'en dites pas plus, voilà l'avocat !

AVOCAT VOYAGEUR

L'avocat ne se limite pas aux recettes avec crevettes ou au guacamole ! Dans les pays dont il est originaire, il est cuisiné, préparé de mille façons. Ainsi, on le déguste souvent chaud et même grillé (le goût du barbecue lui va terriblement bien), en accompagnement ou en plat principal. Et bien sûr, il est très souvent préparé en version sucrée, pour le dessert : en crème avec du chocolat ou en tarte avec du fruit de la Passion, l'avocat sucré a tout bon.

GUACAMOLE FRAIS !

Le saviez-vous ? Il est absolument interdit par la brigade du bon goût d'acheter le guacamole tout prêt. C'est trop facile à faire soi-même !
Voici même quelques idées pour une version revisitée :

- Grenade, citron vert, coriandre
- Purée de cacahuètes, coriandre, échalote, citron
- Piment vert, chair de crabe, estragon
- Tahin, olives noires hachées, ciboulette

BIEN ACHETER L'AVOCAT

L'avocat est un fruit très demandé ! Hélas, cette augmentation de la demande à travers le monde crée dans certains pays producteurs des situations peu compatibles avec une vision durable du développement de la planète. Ses besoins en eau, en particulier, assèchent des régions entières. Pour l'acheter, on privilégie donc un avocat venant de pays non désertiques et situés pas trop loin de chez nous. La coopérative corse Alimea a ainsi le bon goût de cultiver des avocats bio sur notre territoire, le genre de produit qu'il faut donc privilégier.

LES VERTUS DE L'AVOCAT

Considéré comme un superaliment, l'avocat se voit paré de nombreuses qualités nutritionnelles qui expliquent son succès auprès des influenceurs :

- Antioxydant ;
- riche en potassium ;
- mine de vitamines ;
- bon pour la vue ;
- lutte contre le mauvais cholestérol ;
- excellent pour la peau, les cheveux et les ongles ;
- il paraît même que dans ses bons jours il prépare le café !

LE TRUC POUR ENLEVER LE NOYAU

Pour ne plus jamais bousiller un bel avocat :

1. Couper l'avocat en deux.
2. Tenir le demi-avocat qui a gardé le noyau dans la main.
3. Dans l'autre main, s'équiper d'un gros couteau.
4. Donner un coup sec sur le noyau avec le couteau.
5. Miracle : la lame s'enfonce et se coince dans le noyau.
6. Il n'y a plus qu'à retirer le noyau en tirant sur le couteau.
7. Merci qui ?

« AUJOURD'HUI, L'AVOCAT, ON LE SAVOURE EN GUACAMOLE AVEC DES PETITS POIS, EN CEVICHE ET DANS LES POKE BOWL ! »

TUTO AVOCADO TOAST

Vous aussi vous voulez vous lancer dans l'aventure, préparer un avocado toast de folie et devenir une star mondiale d'Instagram ? Suivez nos conseils !

- **Le pain :** un bon pain noir nordique est conseillé, pas question d'utiliser le vulgaire pain de mie du supermarché.

- **L'avocat :** il est en général écrasé (oui, c'est joli quand c'est bien tranché mais on s'en met partout quand on le mange). Attention, l'avocat n'est pas haché n'importe comment : s'il est lisse comme du beurre, il est tout plat et donne un aspect un peu bof ; s'il est trop rocailleux, il ne tient pas sur le pain. Il faut trouver le juste milieu !

- **Un œuf :** de préférence coulant, il est un atout gourmandise certain pour ambiancer le toast.

- **Une touche de couleur** viendra idéalement prendre le contre-pied du joli vert de l'avocat (qu'on aura pris soin de citronner pour ne pas qu'il vire au marron). On évite les tomates ou les poivrons (trop premier degré), et on leur préfère les radis roses ou violets.

- Pour finir, on garnit généreusement de **graines diverses** (germées ou non) , qui apporteront du relief visuel à l'édifice (et du croqui-croquant sympa à la dégustation).

Recette de Céline du blog de Châtaigne

Veggie burgers
à l'avocat

8 BURGERS	PRÉPARATION : 30 MIN	REPOS : 2 H 20	CUISSON : 23 MIN

INGRÉDIENTS

Pour les pains à burgers :

90 ml de lait
1/2 sachet de levure sèche de boulangerie
300 g de farine
10 g de sucre en poudre
2 g de sel
1 œuf
15 g de beurre pommade
Graines de courge
Graines de sésame

Pour le guacamole :

2 avocats bien mûrs
1 citron
2 tomates
1/2 oignon rouge
1 piment antillais

Pour la garniture :

8 champignons Portobello (ou gros champignons de Paris)
1/2 oignon rouge en fines rondelles
roquette
huile d'olive

1 Préparez les pains à burgers. Mélangez le lait et 65 ml d'eau et faites tiédir 10 sec au micro-ondes. Ajoutez la levure et laissez reposer 5 min.

2 Pendant ce temps, versez dans le bol d'un robot la farine, le sucre en poudre et le sel, puis ajoutez l'œuf. Démarrez le pétrissage et versez le mélange eau-lait-levure. Au bout de 2 min, ajoutez le beurre et pétrissez pendant 10 min à vitesse lente. Couvrez d'un linge humide et laissez reposer 1 h 30 minimum dans un endroit tiède, jusqu'à ce que la pâte double de volume.

3 Divisez la pâte en 8 pâtons, puis déposez-les sur une plaque recouverte de papier sulfurisé. Laissez lever à nouveau 45 min dans un endroit tiède.

4 Préchauffez le four à 180 °C. Badigeonnez les pâtons de lait, parsemez-les de graines de sésame et de courge, puis enfournez pour 18 min. Laissez tiédir à la sortie du four, sur une grille.

5 Pendant ce temps, préparez le guacamole. Écrasez la chair des avocats à la fourchette avec 2 c. à soupe de jus de citron. Ajoutez l'oignon rouge finement haché. Lavez et épépinez les tomates, puis coupez-les en petits cubes. Incorporez les tomates à la purée d'avocat, ainsi que 1 cm de piment finement haché. Assaisonnez et réservez au frais.

6 Lavez soigneusement les champignons. Faites-les revenir entiers à la poêle sur feu vif, avec un filet d'huile d'olive, pendant environ 5 min.

7 Coupez les buns en deux et tartinez chaque moitié de guacamole, côté mie. Déposez un champignon cuit sur les bases, parsemez de roquette et de rondelles d'oignon rouge. Refermez le burger avec la deuxième moitié des pains.

Conseil

Si vous n'avez pas le temps de préparer la pâte à pain vous-mêmes, vous pouvez utiliser des buns tout prêts. Certains boulangers en commercialisent également, mais il faut en général passer commande quelques jours en avance.

Sandwichs méditerranéens

avocat et pastrami

4 PERSONNES	PRÉPARATION : 15 MIN	CUISSON : 5 MIN	REPOS : 12 H

INGRÉDIENTS

1 gros avocat
4 pains pita
1 aubergine
8 tomates séchées
1 boule de mozzarella di buffala
8 tranches de pastrami
1 gousse d'ail écrasée
Persil haché
Huile d'olive
Fleur de sel
Poivre

1 La veille, tranchez l'aubergine en rondelles et laissez-les dégorger dans un saladier avec l'ail, une pincée de fleur de sel, un tour de moulin à poivre et 2 c. à soupe d'huile d'olive.

2 Le jour même, faites griller les rondelles d'aubergine dans une poêle à feu doux jusqu'à ce qu'elles soient bien moelleuses. Pendant ce temps, épluchez et dénoyautez l'avocat, puis coupez- le en lamelles. Émincez les tomates séchées et émiettez la mozzarella.

3 Ouvrez un pain pita. Badigeonnez l'intérieur d'huile d'olive, puis garnissez-le de 2 tranches de pastrami, de quelques rondelles d'aubergine, de tomates séchées, d'avocat, de mozzarella et de persil. Renouvelez l'opération avec les autres pains. Dégustez froid ou rapidement toasté.

Conseil

Vous pouvez réutiliser la recette des aubergines dans des salades, lasagnes, pâtes, etc. ou les servir en antipastis à l'apéro.

Pad thaï

à la crème d'avocat

4 PERSONNES	PRÉPARATION : 20 MIN	CUISSON : 10 MIN	REPOS : 12 H

INGRÉDIENTS

1 gros avocat
600 g de filet de bœuf
400 g de nouilles de riz larges
200 g de pousses de soja germées
1 oignon en lamelles
3 gousses d'ail
3 piments rouges
1 citron vert + 1 pour servir
1 c. à soupe de sucre
2 c. à soupe de nuoc-mâm
2 c. à soupe de sauce soja
15 cl de crème de coco
150 g de cacahuètes
1 bouquet de coriandre ciselé
2 c. à soupe d'huile d'arachide
Fleur de sel
Sel

1 La veille, préparez le boeuf. Dans un mortier, écrasez l'ail et 2 piments avec une pincée de fleur de sel. Délayez avec le jus d'un demi-citron vert, le sucre, le nuoc-mâm et la sauce soja. Coupez la viande en fines tranches de 4 x 2 cm environ. Déposez-y l'oignon et arrosez de sauce, puis remuez pour bien enrober la viande. Laissez reposer toute la nuit au frais.

2 Le jour même, faites cuire les nouilles selon les indications figurant sur le paquet. Pendant ce temps, faites chauffer l'huile d'arachide dans un wok et faites-y revenir le boeuf mariné 5 min. Réservez. Dans la même poêle, faites revenir les pousses de soja germées.

3 Mixez très finement l'avocat, puis mélangez-le avec la crème de coco, une pincée de sel et le jus du deuxième demi-citron vert.

4 Servez les nouilles avec le boeuf, le soja et la préparation à l'avocat, le tout parsemé de cacahuètes, de coriandre et de jus de citron vert.

Avocado roses

aux noix

4 PERSONNES	PRÉPARATION : 15 MIN	CUISSON : 5 MIN	REPOS : 1 H

INGRÉDIENTS

2 avocats
12 dattes
100 g de noix + quelques-unes pour le caramel et décorer
100 g de noix de cajou
3 c. à soupe de beurre de coco fondu
1 c. à soupe de sucre de coco
Citron

1 Préparez la base des tartelettes. Mixez grossièrement à l'aide d'un robot les dattes, les noix et les noix de cajou avec le beurre de coco. Étalez la préparation à la main dans 4 moules à tartelettes et placez au frais pour 1 h.

2 Pendant ce temps, préparez un caramel. Dans une poêle, faites fondre le sucre de coco. Ajoutez quelques noix. Remuez bien et réservez.

3 Épluchez les avocats et citronnez-les légèrement. Tranchez-les en fines lamelles et disposez-les en forme de spirale sur les fonds de tartelettes pour former des roses. Décorez en parsemant de quelques noix torréfiées concassées.

VOUS reprendrez BIEN une tasse de thé ?

IL EST QUATRE HEURES, à la BONNE HEURE !

Qui n'a jamais attendu le goûter avec une impatience… dévorante ? Ce repas qui n'en est pas un est une véritable pause gourmande qui arrive comme une récompense. Si pour les moins de 12 ans, elle est automatique, elle devient plus tard un luxe, un moment de réconfort que l'on s'offre avec plaisir, que l'on ait une bonne raison… ou pas. L'heure du goûter, c'est sacré !

POINT ORGANISATION

L'ennemi d'un bon goûter réussi : le manque de temps. C'est pour cette raison que l'on finit par craquer et acheter n'importe quoi. Voici quelques conseils pour ne pas vous retrouver pris au dépourvu :

- Profitez du week-end pour préparer les goûters de la semaine avec l'aide des enfants.
- Préparez de grosses quantités de compote maison, que vous conserverez en portions au congélateur.
- Privilégiez les recettes de biscuits ou de barres céréalières qui se gardent bien.
- Repérez dans votre quartier un artisan boulanger qui fait de bons cakes, ça peut servir en cas d'urgence.

LES BONNES IDÉES POUR CHANGER

Les enfants en ont soupé du combo pain et chocolat ? On leur prépare des goûters qui sortent de l'ordinaire :

- Cookies aux fruits secs ou aux céréales ;
- quartiers de mandarine, de pomme ou de poire trempés dans du chocolat fondu ;
- muffins fourrés aux morceaux de fruits ;
- compotes maison avec un topping de fruits secs ;
- mini-cakes marbrés à emporter…

SOLUTION UNIVERSELLE

On coupe deux tranches de brioche et on en fait un sandwich à la confiture (c'est l'une des nombreuses raisons pour lesquelles il est important de TOUJOURS avoir de la brioche chez soi).

À PROSCRIRE :

- Petits pains, brioches et autres pains de mie industriels. Retrouvez le chemin de la boulangerie !
- Barres chocolatées trop riches et trop sucrées,
- pâtes à tartiner, crèmes et snacks à la composition peu qualitative et/ou renfermant de l'huile de palme.

LA BONNE IDÉE : LES BARRES DE CÉRÉALES MAISON

Elles sont simplissimes à préparer, ne demandent que quelques ingrédients faciles à trouver, se conservent bien et sont délicieuses ; bref, elles n'ont que des avantages. Le principe : on ajoute un sirop de sucre (miel, sirop d'agave) et un peu de matière grasse à un mélange de céréales. On fait chauffer, on laisse refroidir et figer : c'est prêt !

SHOPPING BARRES DE CÉRÉALES :

- Offrez-vous un livre de cuisine contenant de bonnes recettes de snacks céréaliers (*Céréales magiques, 150 recettes alliées de ma santé* de Laura Agar Wilson, Larousse)
- Procurez-vous un moule à barres de céréales super pratique : moule en silicone Barre my snack de Silikomart (informations sur Silikomart.com).
- Faites le stock de super fruits secs et céréales, en direct des producteurs locaux : alamaison.laruchequiditoui.fr

L'ASTUCE

Renseignez-vous pour savoir si dans votre région des meuniers travaillent de manière artisanale, beaucoup proposent de bonnes farines et des préparations pour gâteaux.

J'AI PAS LE TEMPS !

Parce que la vie moderne est ce qu'elle est, et que l'on n'a pas toujours le temps de faire du pain ou des gâteaux, investissez dans quelques paquets de délicieuses préparations pour muffins, financiers et autres petits plaisirs sucrés. Attention, beaucoup de marques fabriquant ce type de préparations n'utilisent pas de bons ingrédients de base ! Sélectionnez les maisons qualitatives, bio si possible, et sincères dans leur démarche, comme celles qui suivent.

- Les produits Marlette sont irréprochables et incontournables dans le genre, et même s'ils sont un peu plus chers, le résultat est si délicieux qu'on ne regrette jamais ce petit investissement. En réseau bio.
- Les Moulins de Versailles proposent des mixs pains et gâteaux sympa : à vous pains aux céréales, fondant au chocolat ou madeleines. En épiceries fines.

ET LE SALÉ ?

On n'y pense pas toujours, mais le snack salé a aussi sa place au goûter ! Pensez aux Anglais avec leurs sandwichs aux œufs ou au concombre ; c'est une bonne alternative, surtout un jour où vous avez prévu un gros dessert au dîner.

Quelques idées au débotté :

- Assortiment de crudités + quelques cubes de fromage
- Crackers aux céréales + fromage frais + un peu de jambon
- Tomates cerises + œufs de caille

On arrête de sucrer LES FRAISES !

Sommes-nous tous addict au sucre ? Si doux et pourtant pas top pour notre santé, le sucre est connu pour être notre meilleur ennemi s'il n'est pas un minimum contrôlé, d'autant plus qu'il se cache partout, sans même que l'on s'en aperçoive !

MON MEILLEUR ENNEMI

En partie responsable de la prise de poids, générateur des maladies cardio-vasculaires, du diabète et de l'obésité, il joue un rôle dans la formation de certains cancers… Bon, ne paniquons pas non plus, l'idée n'est pas de se priver de petits plaisirs sucrés jusqu'à la fin de notre vie. Mais comprendre son fonctionnement dans notre organisme pour nous permettre de mieux maîtriser notre consommation ne peut pas nous faire de mal ! Difficile d'imaginer un goûter sans sucre ? Effectivement, mais en réussissant à identifier quels types de produits sucrants nous font du bien, on peut trouver des alternatives à utiliser au quotidien. Et puis, proposer à vos invités du sucre de coco à la place du sempiternel paquet de sucre blanc, c'est bien plus tendance non ?

L'INDEX GLYCÉMIQUE, KÉZAKO ?

Aujourd'hui, plutôt que de parler des sucres rapides (ou simples) et lents (ou complexes), on préfère se référer à la notion de « l'index glycémique » ou IG, d'un aliment. Cet index mesure l'impact qu'a un aliment, une fois consommé, sur la glycémie (taux de sucre dans le sang). Les aliments à IG élevé entraînent rapidement un pic de glycémie, ceux à IG bas provoquent une élévation du taux de sucre plus progressive.

L'index glycémique dépend de nombreux facteurs : la composition en amidon, la teneur en fibres, en graisse et en albumine et aussi la façon de préparer l'aliment. Par exemple, les pommes de terre cuites à l'eau ont un IG élevé. À l'inverse, les légumes et les légumineuses (lentilles, pois, haricots, etc.) passent lentement dans le sang et ne provoquent pas de pic important de la glycémie.

Conclusion : on a tout intérêt à privilégier des aliments à IG bas, car ils procurent plus longtemps un sentiment de satiété et ne provoquent pas de fringales.

ET CES ALIMENTS À IG BAS, QUI SONT-ILS ?

ALIMENTS À IG ÉLEVÉ : À ÉVITER	ALIMENTS À IG BAS OU MODÉRÉ : À PRIVILÉGIER
• Pâtisseries, bonbons	• Fruits et légumes frais
• Riz blanc, riz précuit	• Quinoa, sarrasin, châtaignes, patates douces et autres tubercules
• Pâtes alimentaires trop cuites	• Céréales en grains (petit épeautre, blé tendre, kasha, orge mondé…)
• Pain blanc, pain de mie blanc	• Céréales complètes en flocons
• Sucre raffiné, miel (sauf celui d'acacia)	• Riz complet ou basmati
• Biscottes, biscuits secs	• Légumineuses (lentilles, pois, haricots…)
• Sodas	• Pâtes « al dente »
• Corn-flakes et autres céréales industrielles	• Sucre de coco, miel d'acacia
• Bière, fruits au sirop, etc.	• Fruits séchés

À SAVOIR !

Surveillez les étiquettes des aliments et fuyez les sucres ajoutés : dextrose, glucose, fructose, saccharose, maltose ou sucre inverti… Ces édulcorants ne font pas fluctuer la glycémie, mais ils entretiennent le goût du sucre et la dépendance…

Et pour vous prouvez qu'un goûter peut être sucré et bon pour la santé à la fois, on vous propose quatre recettes super gourmandes. Vite, tournez la page !

Gâteau aux kiwis

8 PARTS	PRÉPARATION : 10 MIN	CUISSON : 20 MIN

INGRÉDIENTS

2 œufs
60 g de sucre de bouleau (ou xylitol)
2 yaourts nature sans sucre
75 g de farine
75 g de fécule de pomme de terre
1 sachet de levure chimique
2 kiwis de 90 g environ

1 Préchauffez le four à 180 °C (th. 6). Dans un saladier, mélangez les œufs et le sucre. Versez les yaourts. Mélangez bien avant d'incorporer la farine, la fécule et la levure.

2 Épluchez les kiwis. Détaillez-les en dés, puis ajoutez-les à la pâte. Réservez-en quelques-uns pour décorer.

3 Versez la préparation dans un moule carré à revêtement antiadhésif de 20 x 20 cm. Enfournez pour 20 min. Décorez avec les morceaux de kiwi restants.

Astuce

Aucune matière grasse ajoutée dans ce gâteau !
C'est le yaourt qui va apporter la texture moelleuse.
On mettra également peu de sucre de bouleau, le tout permettant d'obtenir une réduction calorique de moitié.
Le kiwi donnera à ce dessert une note acidulée et sucrée.

Brioche
tressée

6 PARTS	PRÉPARATION : 15 MIN	REPOS : 1 H 30	CUISSON : 20 MIN

INGRÉDIENTS

10 g de levure fraîche du boulanger
4,5 cl de lait demi-écrémé
+ 1 c. à soupe
250 g de farine
30 g de sucre de bouleau
1/2 c. à café rase de sel
1 œuf
30 g de crème fraîche à 15 % de MG
5 g de sucre en grains

1 Délayez la levure dans 4,5 cl d'eau et 4,5 de lait tiédis. Mélangez la farine, le sucre, le sel, l'œuf et la levure. Ajoutez la crème, pétrissez 5 min et réservez 1 h dans un endroit tiède, jusqu'à ce que la pâte double de volume.

2 Faites retomber la pâte, coupez-la en morceaux et roulez-les en de longs boudins. Posez-les côte à côte sur une plaque et tressez-les. Badigeonnez de lait puis laissez reposer 30 min dans un endroit tiède.

3 Préchauffez le four à 165 °C (th. 5-6). Saupoudrez la brioche de grains de sucre et enfournez pour 20 min.

Astuce

Cette brioche ne contient pas de beurre mais une crème fraîche allégée à 15% de matières grasses, et le lait a été panaché avec de l'eau, ce qui permet de réduire la note calorique. Le résultat reste très moelleux et les grains de sucre permettent d'apporter la touche sucrée.

Mœlleux
aux noix

8 MOELLEUX	PRÉPARATION : 10 MIN	CUISSON : 20 MIN

INGRÉDIENTS

80 g de cerneaux de noix
15 g de farine de blé complète T110 bio
3 cuill. à soupe de sirop d'agave
50 g de margarine végétale à 50 % de MG
2 blancs d'œufs
1 pincée de sel

1 Préchauffez le four à 180 °C (th. 6). Concassez les cerneaux de noix. Dans un saladier, mélangez la farine, les noix et le sirop d'agave. Faites fondre la margarine et ajoutez-la.

2 Battez les blancs d'œufs en neige bien ferme avec le sel et incorporez-les délicatement à la préparation. Versez la pâte dans huit moules antiadhésifs de 8 cm x 3 cm et enfournez pour 20 minutes.

Astuce

Ce dessert est très peu sucré et contient une toute petite quantité de farine, d'où son faible apport en calories. Notons l'absence de jaune d'œuf, seul le blanc est présent, car c'est le moins calorique (45 contre 350 Kcal/100 g). L'œuf est une source de protéines indéniable et il renferme tous les acides aminés essentiels dont l'organisme a besoin. Dans cette recette, la présence de blancs d'œufs permet d'obtenir une texture aérée et moelleuse.

Riz au lait
aux fruits caramélisés

4 PERSONNES	PRÉPARATION : 10 MIN	CUISSON : 35 À 45 MIN	RÉFRIGÉRATION : 30 MIN

INGRÉDIENTS

120 g de riz rond complet
85 cl de lait demi-écrémé
½ gousse de vanille Bourbon
5 cuill. à soupe de sirop d'agave
20 g de pignons de pin
30 g de cerneaux de noix
10 g d'amandes effilées

1 Faites précuire le riz 3 minutes dans de l'eau bouillante. Portez à ébullition le lait et la demi-gousse de vanille et ses graines préalablement grattées. Égouttez le riz, puis mettez-le dans une casserole avec le lait et faites cuire de 30 à 40 minutes, sans couvercle, à feu très doux, jusqu'à absorption du liquide.

2 Retirez la demi-gousse de vanille et ajoutez 40 g de sirop d'agave en fin de cuisson. Répartissez le riz au lait dans quatre ramequins.

3 Concassez grossièrement les pignons, les noix et les amandes au pilon. Faites-les caraméliser dans une poêle antiadhésive avec le reste de sirop d'agave, puis répartissez-les sur les riz au lait. Placez les ramequins 30 minutes au frais.

NICE CREAM, glace de nos rêves

Quoi de plus frais et gourmand en fin de repas qu'une bonne glace, surtout quand les beaux jours arrivent ? Et si on vous disait qu'il y avait là, à portée de main, une glace délicieuse, saine et ultra facile à préparer en un temps record ? Ladies and gentlemen, voici la nice cream !

LE PRINCIPE

Il est ultra simple. Il vous suffit de congeler des rondelles de banane. Puis, de les passer au blender. Et là, la magie opère : la banane glacée se transforme en une crème glacée onctueuse qui servira de base à toutes sortes de créations gourmandes, selon vos envies et vos inspirations.

LES AVANTAGES :

- Sa très grande facilité d'exécution ;
- pas besoin de sorbetière (youpi !)
- entièrement végan ;
- plus légère qu'une crème glacée tradi, riches en œufs, lait et sucre. Et donc plus facile à digérer ;
- plus saine qu'un sorbet industriel, en général chargé d'additifs (texturants, stabilisants, etc).

Nice cream à la mangue,

sirop d'érable et sésame noir

4 BOULES DE GLACE	PRÉPARATION : 10 MIN	CONGÉLATION : 4 H

INGRÉDIENTS

200 g de mangue surgelée en morceaux
2 bananes bien mûres (250 g environ)
1 c. à soupe de jus de citron
1 c. à soupe de sirop d'érable
Graines de sésame noir
Myrtilles pour décorer

1 Épluchez les bananes et découpez-les en tronçons. Placez-les sur une assiette et mettez-les 4 h au congélateur.

2 Placez les morceaux de banane dans le bol d'un mixeur avec le jus de citron et le sirop d'érable, puis actionnez plusieurs fois pour obtenir une préparation lisse. Ajoutez la mangue et continuez de mixer jusqu'à ce que la préparation soit bien lisse. Formez des boules à l'aide d'une cuillère à glace et répartissez-les dans des petits bols. Parsemez de graines de sésame noir et de myrtilles. Servez aussitôt.

ASSOCIATIONS NICE CREAM GAGNANTES

- Passion, coco, ananas... tous les fruits exotiques vont bien avec la banane.
- Myrtilles sauvages et autres cassis donneront à votre *nice cream* un délicieux parfum de fruits noirs ... et une couleur violette spectaculaire !
- Même effet version bleutée en lui ajoutant un peu de spiruline, une algue séchée entièrement naturelle et faisant en plus partie de la si select famille des « super aliments ». Spectaculaire et hyper branché !
- Évidemment, le chocolat lui va à ravir. On conseillera d'ajouter un bon cacao en poudre à la *nice cream* et d'aller jusqu'au bout de l'attentat à la gourmandise en la servant avec un coulis de chocolat fondu.
- Avec des cacahuètes grillées. Aussi original qu'efficace.

D'OÙ VIENT-ELLE ?

Elle commence sa success story autour de 2015, lorsque les communautés *healthy* et vegan s'approprient l'idée d'une glace à base de bananes et commencent à en parler sur leurs blogs et comptes Instagram. Alors nommée basiquement *banana ice cream*, son nom se déclinera vite en nice cream (comprenez « la jolie crème », ou « la bonne crème »).

LA FOLIE du tea time

Boom de la pâtisserie oblige, le dernier rendez-vous à la mode se passe à l'heure du thé ! À l'extérieur, c'est une manière de partager un rendez-vous gourmand entre ami(e)s et de découvrir le travail d'un chef pâtissier en vogue en se gavant de délicieux gâteaux. À la maison, c'est un moment de partage super gourmand et raffiné, qui dévoilera aux yeux du monde vos talents en matière de décoration et de cuisine. Le tea time, c'est le nouveau brunch !

QUELLES SONT LES DIFFÉRENCES ENTRE UN TEA TIME ET UN SIMPLE GOÛTER ?

- Un goûter peut se grignoter en marchant dans la rue, un *tea time* se prend à table, en bonne compagnie. C'est comme un repas à part entière, ce n'est pas une simple tasse de thé accompagné d'un biscuit !
- Un *tea time* comprend forcément plusieurs éléments, sucrés ou salés ; sa diversité fait sa richesse. Un goûter est moins copieux et varié.
- Un *tea time* se compose de recettes plus chics et raffinées qu'un goûter qui pourra être réussi avec une simple recette familiale.

LES CODES DU TEA TIME ANGLAIS

Quoi de plus *british* que le *tea time* ? Tout droit venu des territoires de Sa Majesté, il est le modèle incontesté et la référence absolue de nos *tea times* modernes. Quels sont ses fondamentaux ?

- **Du thé**, de préférence un bon Earl Grey.
- **Des scones, de la confiture.**
- Pas de beurre, mais de **la clotted cream**.
- **Des petits sandwichs au concombre, à l'œuf dur et au cresson.**
- **Une part de gâteau** comme le Victoria sponge cake.
- **Quelques petits biscuits** ou petits fours variés sont un plus.

LE SYJUNTA, LE TEA TIME 2.0

Originaire de Scandinavie où l'on sait se faire plaisir en se régalant, le *syjunta* est un mix entre un *tea time* et un atelier de loisirs créatifs. Le but ? Passer un moment agréable en bonne compagnie, tout en partageant le plaisir de faire quelque chose ensemble. On organise donc la fabrication de coussins, de bijoux, de bocaux de pickles ou de calendriers de l'Avent (selon la saison). Ce moment d'artisanat partagé sera complété par la dégustation de thés, de boissons fraîches, de délicats gâteaux et de friandises.

Trois tea times à découvrir

LE PLUS ROYAL : LE MEURICE

C'est LE *tea time* le plus envié de la planète, celui signé du jeune pâtissier surdoué Cédric Grolet. À goûter absolument : les faux fruits et les cookies.

Adresse : 228, rue de Rivoli, 75001 Paris

LE PLUS BRANCHÉ : LE KITCHEN CAFÉ

C'est l'adresse que se refilent tous les amateurs de gourmandises créatives et décontractées. La bonne nouvelle : le restaurant se transforme en bar à desserts l'après-midi. À ne pas rater : les cakes et surtout les délicieux desserts à l'assiette.

Adresse : 34, rue Chevreul, 69007 Lyon

LE PLUS BRITISH : BROKEN BISCUITS

L'adorable *coffee shop* de Christine O'Sullivan déborde de bonnes ondes et de délicieuses gourmandises. Tout est fait maison, tout fait envie. Incontournables : les meilleures scones de l'Hexagone, sans exagérer.

Adresse : 13, avenue Parmentier, 75011 Paris

Le thé, ce charmant inconnu

Quoi de plus banal et pourtant de plus méconnu que le thé, boisson magique et bienfaisante que les amateurs dégustent à longueur de journée ? À l'heure où les maisons de thé fleurissent (et les prix grimpent !), il est temps de faire un petit tour de la question.

DE TOUTES LES COULEURS

Avant, c'était simple. Au restaurant, on demandait un thé, on nous apportait un sachet avec une étiquette jaune, c'était pas très bon mais tout à fait rassurant. On payait ça 4 €, on se brûlait en le buvant et tout allait bien. Aujourd'hui, on demande un thé, et voilà qu'on nous demande de quelle couleur on le veut.

PETIT GUIDE RAPIDE POUR S'Y RETROUVER

- **Thés verts :** ce sont les thés non oxydés. Leur goût est végétal et leur amertume peut être prononcée. Ils contiennent beaucoup de vitamine C (ça réveille). Souvent, ce sont des thés japonais de type sencha que l'on vous servira sous cette appellation.
- **Thés noirs :** les feuilles de thé ont été oxydées et sont devenues noires. Le goût est bien plus prononcé que celui d'un thé vert. On retrouve dans cette catégorie, le Darjeeling ou le Earl Grey par exemple.
- Plus rarement, **thés blanc** ou **rouge**. Le problème, c'est que, selon les endroits et les établissements, et sauf dans les maisons de thé spécialisées, c'est parfois un peu le grand n'importe quoi entre ces familles. Sous l'appellation « thé rouge », on peut ainsi retrouver des choses très différentes, comme le rooibos qui n'est pas un thé mais une infusion, certains thés chinois, et parfois même des thés parfumés aux fruits rouges.

Dans tous les cas, n'hésitez pas à poser des questions !

ATTENTION !

Si les bons thés sont souvent chers, tous les thés chers ne sont pas forcément de bonne qualité. De nos jours, de nombreuses maisons de thé arborant des packagings luxueux jouent sur les codes du prestige, alors que leurs thés ne valent pas toujours leur prix. Goûtez et faites-vous votre opinion.

RECONNAÎTRE UN BON THÉ

Quelques indices pour ne pas vous tromper en achetant du thé.

- Privilégiez les thés en vrac et demandez toujours à sentir.
- Les bons thés ont de grandes feuilles : les brisures et poudres ne sont jamais qualitatives.
- Si vous aimez les thés parfumés, préférez toujours ceux contenant de vrais fruits et fleurs, sans ajout d'huiles essentielles ou d'arômes, même dits « naturels ».

LE CAS DES THÉS PARFUMÉS

Méfiez-vous des compositions bourrées d'arômes de fleurs, de fruits, de caramel ou de poudre de perlimpinpin. L'odeur qui se dégage de la boîte est alléchante… mais le goût n'est en général pas au rendez-vous !

C'EST QUOI, LE CHAÏ ?

Débarqué dans nos *coffee shops* sans crier gare, le chaï est une espèce de version exotico-gourmande du thé qui fait fureur. Originaire d'Inde, ce mélange de thé et d'épices (cannelle, cardamome, anis…) se boit sucré et avec du lait. Parfumé et chaleureux, il fait le bonheur des amateurs de saveurs exotiques et de boissons réconfortantes.

DEUX MARQUES DE CHAÏ TEA À ESSAYER :

- **La valeur sûre et bio :** Beendhi (en réseau bio)
- **La plus chic et gourmande :** La Main Noire (plus d'infos sur www.lamainnoirecollective.com)

Number cake ultra-gourmand, p. 106

Pour choisir un délicieux thé,
rendez-vous p. 96

Naked cake

Nul besoin d'un manteau de pâte à sucre ou d'un glaçage couleur rose bonbon pour être de la fête ! Un jeu subtil entre les étages de gâteaux moelleux et les couches de garniture savoureuses et parfumées suffit ! Aussi impressionnants que délicieux, ils feront de vous le roi ou la reine incontesté(e) de la pâtisserie !

Des gâteaux authentiques et spectaculaires qui n'ont rien à cacher !

Même si ces pièces montées du goûter sont assez faciles à préparer, quelques conseils préalables s'imposent :

- Pour des gâteaux réussis aux bords bien droits, on choisira des moules en métal à fond amovible, de différentes tailles et hauteurs, selon les recettes.
- Quelle que soit votre option, beurrez le moule soigneusement puis versez un peu de sucre au fond, secouez-le comme un tamis et faites-le tourner en l'inclinant pour répartir le sucre sur les parois. Ce double procédé assure au gâteau un démoulage parfait et une croûte croustillante.
- Ne remplissez pas les moules jusqu'en haut, sous peine de voir la pâte déborder ou gonfler exagérément.
- Avant d'enfourner, tapotez le moule sur le plan de travail pour faire remonter à la surface les grosses bulles et obtenir une surface bien lisse.

Vous pourrez adapter les proportions pour la préparation de la génoise en page suivante selon ce tableau (en fonction du nombre de gâteaux que vous souhaitez obtenir ainsi que de leur taille) :

1 moule de 20 cm de diam.	30 mn de cuisson	4 œufs, 120 g de sucre, 90 g de farine, 30 g de fécule de maïs
3 moules de 16 cm de diam	20/25 mn de cuisson	6 œufs, 180 g de sucre, 100 g de farine, 50 g de fécule de maïs
2 moules de 20 cm de diam.	35/40 mn de cuisson	8 œufs, 240 g de sucre, 180 g de farine, 60 g de fécule de maïs

Le four sera toujours préchauffé à 170 °C, quelles que soient les proportions.

Naked cake

Framboises et mûres

8 PERSONNES	PRÉPARATION : 50 MIN	CUISSON : 35 MIN À 40 MIN	REPOS : 15 MIN

1 moule haut de 18 cm de diamètre

INGRÉDIENTS

Pour la génoise

6 œufs
180 g de sucre
100 g de farine
50 g de fécule de maïs
2 c. à soupe d'arôme framboise

Pour la crème et le décor

300 g de Philadelphia®
150 g de sucre glace
200 g de beurre fondu et refroidi
250 g de mûres
125 g de framboises

1 Préchauffez le four à 170 °C.

2 Réalisez la génoise : dans un grand bol avec un fouet ou à l'aide d'un robot, fouettez les œufs avec le sucre et l'arôme framboise pendant 10 min jusqu'à ce que le mélange double de volume et devienne très clair et mousseux. Tamisez ensemble la farine et la fécule à travers une passoire fine, puis ajoutez le mélange obtenu à la préparation en 3 ou 4 fois, en soulevant la pâte de bas en haut. Versez dans le moule et enfournez pour 35 à 40 min de cuisson.

3 Préparez la crème. Fouettez le Philadelphia® avec le sucre glace puis ajoutez le beurre et continuez à fouettez pendant 5 min. Réservez quelques fruits pour le décor et incorporez le reste au mélange précédent avec une spatule.

4 Réalisez le montage. Coupez le gâteau refroidi en 3 disques. Disposez un premier disque sur le plat de service et nappez-le de crème, puis continuez à monter les étages de la même façon. Égalisez les bords avec une spatule et décorez des fruits réservés.

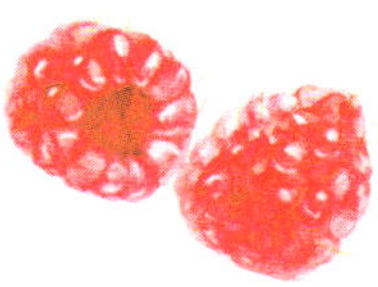

Astuce

Si cette recette propose 3 gâteaux empilés, rien ne vous empêche de recouper chacun en deux dans l'épaisseur pour avoir 6 étages. Sachez qu'il vous faudra alors le double de crème pour les garnir et que les couches devront être un peu moins généreuses pour garantir la stabilité de l'édifice. Pensez également à bien faire refroidir vos génoises avant de tenter toute découpe.

Bundt cake marbré

au chocolat

6 À 8 PERSONNES	PRÉPARATION : 10 MIN	CUISSON : 40 MIN

INGRÉDIENTS

250 g de farine
3 œufs
200 g de beurre doux
100 g de sucre en poudre
110 g de chocolat pâtissier
5 c. à soupe de lait
1 sachet de levure chimique
1 gousse de vanille
3 c. à soupe de pralin

Pour le glaçage :

100 g de chocolat pâtissier
100 ml de lait

1 Préchauffez le four à 180 °C. Dans un saladier, fouettez les œufs avec le sucre en poudre. Quand le mélange devient mousseux, incorporez petit à petit la farine, le beurre fondu, la levure chimique et 3 c. à soupe de lait.

2 Divisez la pâte en deux parties égales. Dans la première, incorporez les graines de la gousse de vanille. Dans la seconde, versez le chocolat fondu au micro-ondes avec 2 c. à soupe de lait ainsi que le pralin.

3 Beurrez un moule à bundt cake (ou, à défaut, un moule en forme de couronne). Versez les 2 pâtes en alternance, puis enfournez pour 40 min. Vérifiez la cuisson avec la lame d'un couteau : elle doit ressortir sèche. Laissez refroidir le gâteau une dizaine de minutes avant de le démouler.

4 Préparez le glaçage au chocolat. Dans un bol, placez le chocolat avec le lait, puis faites fondre au micro-ondes à pleine puissance pendant 40 sec environ. Mélangez bien jusqu'à ce que le glaçage soit lisse, brillant et fluide.

5 Versez le glaçage sur le gâteau et laissez refroidir minimum 1 h avant de déguster.

Number cake

Il est LE nouveau birthday cake. Celui qui fait tourner la tête des réseaux sociaux, qui fait craquer les passionnés de pâtisserie, celui qu'on veut à tout prix pour régaler les amis. Le principe ? Tellement simple qu'on se demande pourquoi il n'a pas été inventé avant ! Il suffit de réaliser un gâteau en lui donnant la forme d'un chiffre (ou d'une lettre, s'il vous chante de faire un « letter » cake plutôt qu'un « number » cake) et de respecter quelques codes pour bien coller à la tendance.

Les codes du number cake nouvelle génération

- Réalisé avec soin, il nécessite l'emploi de patrons précis et réguliers.
- Il comporte plusieurs couches intercalant biscuit (génoise, dacquoise) et crème(s).
- La crème est pochée point par point et ne masque pas le gâteau.
- Le number cake est enrichi et décoré de multiples fruits, fleurs, macarons et/ou autres sucreries.

NUMBER CAKE FAIL

ATTENTION, QUEL QUE SOIT VOTRE TALENT EN PÂTISSERIE (OU VOTRE FOI EN LA VIE), PARTEZ DU PRINCIPE QUE LE NUMBER CAKE NE SE TRANSPORTE PAS (ON A ESSAYÉ, C'EST UNE MAUVAISE IDÉE). PRÉVOYEZ DE DRESSER LE GÂTEAU SUR LE LIEU OÙ IL SERA CONSOMMÉ

POURQUOI ON L'AIME ?

- Parce qu'il est beau ! Un number cake l'est forcément (sinon, ce n'est qu'un simple gâteau en forme de chiffre, logique).
- Parce qu'il est personnalisé : initiales des prénoms de vos amis, chiffres de l'année de votre rencontre ou, bien sûr, âge du capitaine : le number cake raconte toujours une histoire.
- Parce qu'il est faisable (même s'il demande un peu de boulot). Avec un peu de patience, tout le monde peut réaliser un number cake spectaculaire.
- Parce qu'il est trop bon. Un vrai délice !

Quelques idées de bases de number cake pour démarrer :

- Génoise / crème de marrons / myrtilles ;
- meringue / chantilly à la vanille / fruits rouges ;
- dacquoise aux noix de pécan / crème au fruit de la Passion / pépites de chocolat ;
- génoise colorée à la betterave / crème à la rose / litchis frais.

UNITED COLORS OF NUMBER CAKE
Choisissez votre camp : monochrome ou au contraire joli dégradé, le jeu des couleurs de votre number cake devra être soigné ! Le top du top : obtenir un magnifique colorama sans utiliser de colorant artificiel, histoire de montrer que pâtisserie ne rime pas forcément avec chimie.

Tuto number cake

1. Décalquez le patron ci-dessous.
2. Découpez-le.
3. Placez le patron sur votre pâte et découpez-la en suivant les contours.
4. Merci qui ?

SI VOUS N'AVEZ NI 18, NI 28, NI MÊME 80 ANS, VOUS TROUVEREZ FACILEMENT LES PATRONS DES CHIFFRES DONT VOUS AVEZ BESOIN SUR LA TOILE !

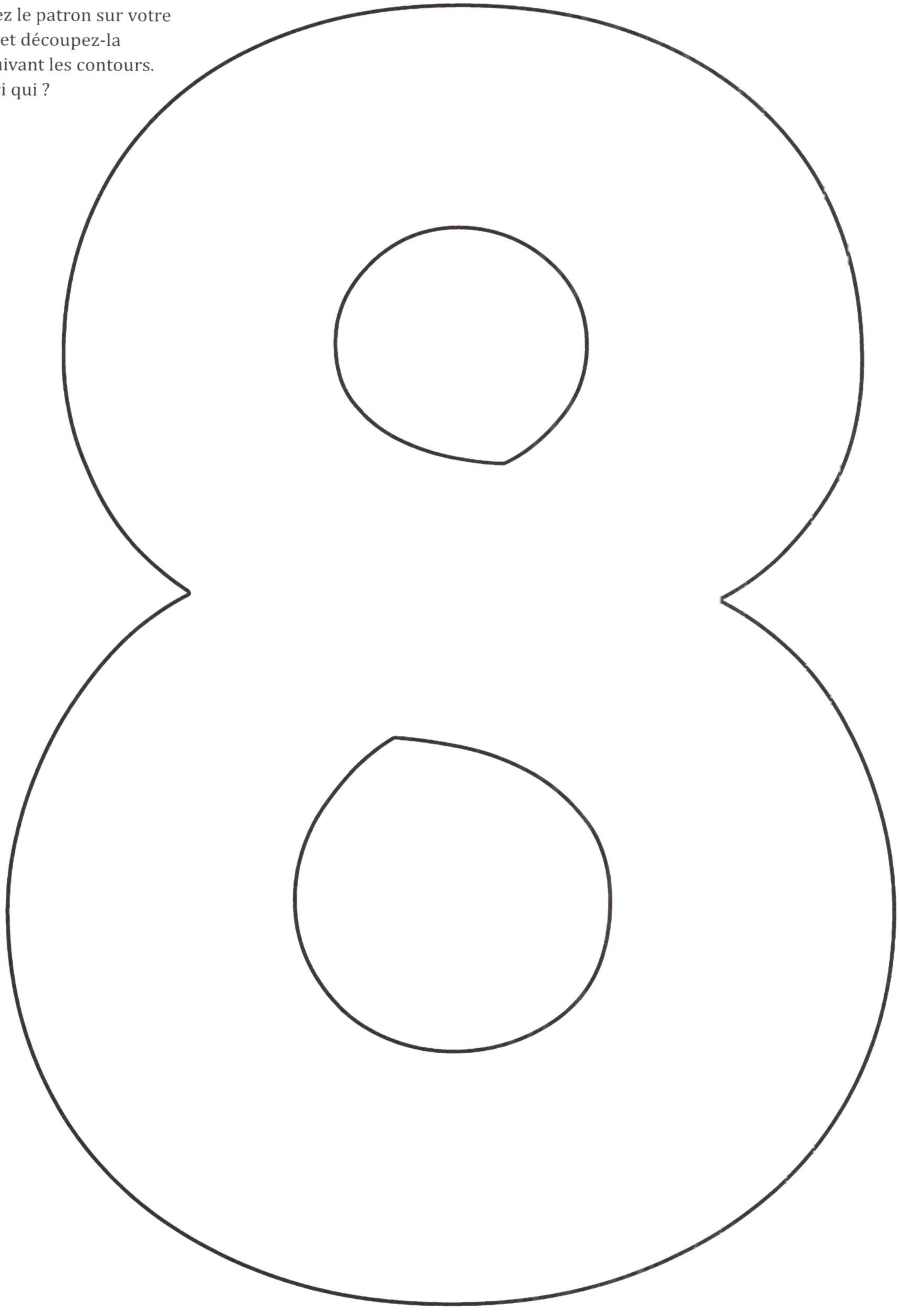

Number cake

6 PERSONNES	PRÉPARATION : 40 MIN	CUISSON : 20 MIN

INGRÉDIENTS

Pour la pâte sablée aux noisettes

30 g de noisettes torréfiées en poudre
120 g de beurre coupé en petits cubes
250 g de farine
40 g de sucre en poudre
1 œuf
1 pincée de sel

Pour la crème diplomate

5 feuilles de gélatine
4 jaunes d'œufs
60 g de sucre en poudre
50 cl de lait entier
30 g de fécule de maïs
1 gousse de vanille
50 cl de crème fleurette

Pour la décoration

250 g de fruits rouges
Fleurs
Petites billes en sucre...

1 Préparez la pâte sablée aux noisettes. Dans un saladier, mélangez la farine avec les noisettes en poudre, le sucre et le sel. Ajoutez le beurre et mélangez du bout des doigts jusqu'à obtenir une consistance sableuse. Ajoutez l'œuf et remuez jusqu'à former une boule de pâte homogène et lisse. Filmez et placez 30 min au réfrigérateur.

2 Préparez la crème diplomate. Faites tremper les feuilles de gélatine dans de l'eau froide. Fendez la gousse de vanille en deux dans le sens de la longueur et prélevez-en les graines avec la lame d'un couteau. Faites chauffer doucement le lait dans une casserole à feu moyen. Ajoutez la gousse de vanille et les graines, puis laissez infuser 15 min à couvert.

3 Pendant ce temps, fouettez le sucre avec les jaunes d'œufs et la fécule de maïs dans un bol. Retirez la gousse de vanille de la casserole et versez-le dans le bol en fouettant pour mélanger. Reversez le tout dans la casserole et faites chauffer à feu très doux sans cesser de fouetter jusqu'à ce que la crème épaississe. Hors du feu, ajoutez la gélatine bien égouttée et fouettez pour incorporer.

4 Versez la crème dans un bol et couvrez-la d'un film alimentaire au contact de la surface. Laissez refroidir à température ambiante. Montez la crème fleurette en une chantilly bien ferme, puis, à l'aide d'une spatule, incorporez-la délicatement à la préparation précédente en procédant en trois fois. Garnissez une poche à douille cannelée ou lisse et placez au frais.

5 Préchauffez le four à 180 °C (th. 6). Découpez un gabarit du chiffre que vous désirez reproduire. Divisez la pâte sablée en deux, puis étalez une première moitié entre deux feuilles de papier sulfurisé. L'abaisse de pâte doit être assez grande pour que vous puissiez y découper le chiffre. Placez le gabarit sur la pâte et découpez-la avec un couteau bien aiguisé. Faites de même avec la deuxième moitié de pâte. Déposez les deux chiffres sur des plaques de cuisson et enfournez-les en même temps pour 12 min environ ou jusqu'à ce que les pâtes soient légèrement dorées. Retirez du four et laissez refroidir sur une grille.

6 Pour le montage, placez un chiffre de pâte sur un plat de service. Garnissez-le de petits tas réguliers de crème diplomate à la poche à douille. Répartissez les fruits rouges sur toute la surface. Surmontez du deuxième chiffre et parsemez de crème diplomate et de fruits, en ajoutant des fleurs, des billes et sucre ou toute autre décoration selon le goût.

L'Affaire de l'Anniversaire

Chaque année, c'est la même histoire : on voit arriver à grands pas la date de l'anniversaire des petits avec la même angoisse. Que faire pour organiser LE plus chouette anniversaire du quartier (ou tout du moins pas le plus ringard) ? Pas de panique, la brigade des anniversaires de qualité va vous donner toutes les clés pour préparer une fête qui mettra des étoiles plein les petits yeux des chéris (ou qui les fera sautiller en hurlant pendant quatre heures d'affilée, ce qui signifie également qu'ils sont contents !).

TUTO EASY DÉCO

En matière de déco, pas besoin de repeindre l'appartement ! On trouve aujourd'hui facilement dans le commerce des éléments de déco jolis et pas chers (les magasins Hema en particulier sont une vraie mine d'or pour les organisateurs d'anniversaire du dimanche). Suivez le guide !

• Choisissez une couleur et tenez-vous-y pour donner de la cohérence à l'ensemble.

• Privilégiez la qualité à la quantité : mieux vaut une très belle guirlande que quatorze toutes moches.

• Ne zappez pas les ballons même si vous blêmissez d'avance en imaginant douze chérubins en liesse mordre gaiement dedans.

• Misez sur les confiseries : composez des bols différents selon les couleurs, en accord avec votre thématique.

• Le gâteau, personnage central de la fête, fait aussi partie de la déco : pensez-y lorsque vous le choisirez.

GÂTEAU D'ANNIVERSAIRE : J'SAIS PAS QUOI FAIRE !

N'oubliez pas que les enfants ont des goûts simples, donc *no stress*. Pas la peine de faire des étages de dacquoises ou de ganache montée parfum rose et safran. Un bon gâteau au yaourt avec de la pâte à tartiner et les petits chéris seront aux anges. En revanche, il est important de soigner le look et pour cela il existe des solutions quel que soit votre niveau en pâtisserie (et en expression artistique).

NIVEAU 1

Recouvrez simplement un tout bête gâteau au yaourt de pâte à sucre toute prête ou de pâte à tartiner. Décorez éventuellement de bonbons.

NIVEAU 2

Même chose, mais sur un gâteau préalablement découpé pour lui donner une forme (bateau, licorne, barbe à papa – vous trouverez des centaines de patrons en ligne).

NIVEAU 3

Le gâteau farci de bonbons. Il demande un peu de boulot, mais l'effet est garanti sur les petits.

Bonus trendy : *le number cake* *(voir page 106).*

IL EST IMPORTANT DE SOIGNER LE LOOK DU GÂTEAU ET POUR CELA IL EXISTE DES SOLUTIONS, QUEL QUE SOIT VOTRE NIVEAU EN PÂTISSERIE

La tendance du moment : la piñata

QU'EST-CE QUE C'EST ?

Venue du Mexique, la piñata est une forme décorée en papier mâché, garnie de friandises et/ou de petits cadeaux divers. Elle peut représenter une étoile, une sphère, un animal ou un personnage au choix, selon les goûts de l'enfant et le talent (ou le budget) des parents.

COMMENT ÇA SE PASSE ?

Armés de divers objets plus ou moins contondants, les mômes en joie tapent sur la piñata jusqu'à ce qu'elle s'ouvre et laisse échapper son précieux contenu. À noter que cette étape se fait obligatoirement en poussant des tas de cris stridents (sinon, bah, c'est pas drôle !).

POURQUOI ON L'AIME ?

Festive et rigolote, elle met une ambiance du tonnerre et ajoute un je-ne-sais-quoi de festif à l'anniversaire. On en trouve aujourd'hui facilement dans les commerces spécialisés, mais elle est très facile à faire soi-même, alors on se lance ! Vous trouverez des tas de tutos sur internet.

BONUS PARENTS

Prévoyez pour les parents présents de quoi se régaler et papoter en attendant que les petits chéris aient fini leur quatrième visionnage de *La Reine des neiges* : petits toasts au tarama maison, brochettes avocat-crevettes, mini-rouleaux de printemps, charcuterie fine et, bien sûr, boissons fraîches (avec ou sans alcool). Voilà un accueil réussi et une façon sympathique de passer un moment avec les parents des copains-copines de vos enfants.

L'ENNEMI DE L'ANNIV' RÉUSSI : LA SURENCHÈRE

Rien ne sert de s'épuiser ou de se ruiner ! Votre voisine a emmené les enfants en ballon au-dessus de la tour Eiffel ? Votre beau-frère s'est déguisé en Robocop et a passé son diplôme de magicien confirmé ? Grand bien leur fasse. Un joli buffet bien efficace (des bonbons, des gâteaux au chocolat), une jolie déco, un jeu de piste et quelques ballons : vos petits seront ravis.

Le gâteau au yaourt

La recette de base

NIVEAU 1

6 À 8 ENFANTS	PRÉPARATION : 10 MIN	CUISSON : 40 MIN

INGRÉDIENTS

1 pot de yaourt nature
2 pots de sucre en poudre
1 sachet de sucre vanillé
4 œufs
4 pots de farine
1 sachet de levure chimique
½ pot d'huile de tournesol
1 noix de beurre

1 Préchauffez le four à 180 °C. Versez le yaourt dans un saladier, puis nettoyez et séchez le pot afin de l'utiliser comme doseur pour le reste de la recette.

2 Ajoutez le sucre en poudre, le sucre vanillé et les œufs dans le saladier et fouettez.

3 Incorporez ensuite la farine tamisée et la levure chimique. Mélangez bien le tout afin de casser tous les éventuels grumeaux. Enfin, ajoutez l'huile de tournesol. Beurrez un moule à manqué et versez-y la préparation.

4 Enfournez 40 min. Prolongez la cuisson de quelques minutes s'il n'est pas assez cuit. Lorsque le gâteau est cuit, laissez-le refroidir complètement à température ambiante puis démoulez-le. Vous pouvez le décorer avec de la pâte à sucre, de la pâte à tartiner ou encore des bonbons.

L'ours polaire

NIVEAU 2

6 À 8 ENFANTS	PRÉPARATION : 40 MIN	CUISSON : 40 MIN

INGRÉDIENTS

1 gâteau au yaourt (voir ci-dessus)

Pour le décor :

200 g de fromage frais
3 c. à soupe de sucre glace
150 g de poudre de noix de coco
3 Oreo®
2 petits yeux en sucre ou en plastique
1 rouleau de réglisse
2 Pépito® mini-rollos

1 Préparez 1 gâteau au yaourt selon la recette précédente.

2 Mélangez le fromage frais et le sucre glace puis nappez-en complètement le gâteau. Parsemez-le de poudre de noix de coco et retirez l'excédent en tapotant sous l'assiette.

3 Décollez les 2 parties de biscuit des Oreo® en faisant en sorte de conserver la partie blanche bien nette sur un des côtés. Déposez les 2 moitiés sur le gâteau afin de former les yeux de l'ours. Ajoutez 2 petits yeux en sucre ou en plastique pour encore plus de réalisme.

4 Découpez 1 Oreo® en 2 et déposez une moitié sous les yeux de l'animal pour réaliser le museau.

5 Découpez 3 morceaux de réglisse de 2 cm de longueur et confectionnez les sourcils et le haut de la bouche puis découpez un dernier morceau de 5 cm pour lui faire un joli sourire !

6 Enfin, plantez 2 Pépito® mini-rollos en haut du gâteau pour réaliser les oreilles de l'ours.

(NIVEAU 3)

La piñata aux bonbons

8 À 10 PERSONNES	PRÉPARATION : 1 H	CUISSON : 35 MIN PAR GÉNOISE	REPOS : 12 H

Pour les génoises

120 g de beurre
4 œufs
80 g de sucre en poudre
2 sachets de sucre vanillé
140 g d'amandes en poudre
12 cl de lait
1 citron non traité
240 g de farine
2 c. à café de levure chimique
1 pincée de sel

Pour la crème au beurre

400 g de beurre mou
80 g de sucre glace
1 citron non traité

Pour la finition

1 paquet de pâte à sucre blanche
150 g de Smarties®

1 La veille, préparez les génoises. Recouvrez de papier sulfurisé le fond de 2 moules à charnière de 20 cm de diamètre (ou procédez en deux fois). Huilez les bords.

2 Faites fondre le beurre à feu doux et laissez refroidir. Battez les jaunes d'œufs avec les sucres, en poudre et vanillé, et le beurre jusqu'à l'obtention d'une consistance mousseuse. Incorporez les amandes, le lait et le zeste du citron finement râpé. Mélangez la farine avec la levure. Ajoutez-les au mélange en tamisant, puis mélangez délicatement à la spatule. Fouettez les blancs d'oeufs en neige avec le sel. Incorporez délicatement les blancs en neige. Versez dans les moules à parts égales, en vous aidant d'une balance pour plus de précision. Enfournez 35 min environ à four chaud (170 °C), en surveillant la cuisson.

3 Sortez les génoises du four et laissez-les refroidir complètement. Coupez-les en deux dans l'épaisseur. Ôtez un disque d'environ 9 cm de diamètre au centre de 2 demi-génoises. Gardez les autres entières.

4 Préparez la crème au beurre. Battez le beurre avec le sucre glace jusqu'à l'obtention d'une crème onctueuse. Ajoutez le zeste du citron finement râpé et mélangez.

5 Déposez une génoise entière sur un plat de service. Nappez-la de crème au beurre, puis déposez par-dessus les 2 génoises trouées, chacune nappée de crème. Remplissez la cavité de pastilles chocolatées (réservez-en pour décorer). Recouvrez de la dernière génoise et nappez de crème. Placez 12 h au frais.

6 Le lendemain, étalez la pâte à sucre sur du papier sulfurisé en un disque de 36 cm de diamètre. Déposez-la délicatement sur le gâteau. Collez-la bien au gâteau, sans plis. Coupez ce qui dépasse. Parsemez des pastilles chocolatées restantes et gardez au frais.

Santé !

CHEERS !

Salute !

prost ! ¡Salud!

The perfect APÉRO

L'apéritif ? Un véritable trésor national ! En France, nous avons élevé au niveau de l'art ce moment de détente et de convivialité, où gourmandise et plaisir d'être ensemble créent une pure bulle de joie. Mais attention : un apéro qui a la classe se prépare et se réfléchit un minimum. Marre des apéros ringards entre vieilles cacahuètes et porto éventé, aujourd'hui on veut de l'apéro festif, frais et gourmand, alors suivez nos conseils pour ne plus jamais être *has been* !

À ÉVITER : LES ERREURS À NE PAS COMMETTRE QUAND ON PRÉPARE UN APÉRO

• **Manquer de diversité :** un apéro doit offrir plusieurs choix et être généreux ! Prévoyez au moins trois ou quatre options différentes.

• **Offrir de la diversité… en négligeant la qualité** (en d'autres termes, l'apéro « beau de loin, moche de près »). O.K., vous avez fait le plein de chips, de charcuteries et de fruits secs, mais comme tout vient du *hard discounter* du coin, rien n'est bon.

LISTE TYPE

On prévoira par exemple une crudité, un truc qui croustille (chips, crackers…), une tartinade, un peu de charcuterie (saucisson, jambon en chiffonnade…), quelque chose de chaud (mini-quenelles, petits feuilletés maison…), quelque chose issu de la mer (crevettes marinées, œufs de poissons…), une bonne baguette à agrémenter de fromage et à passer rapidement au four !

TARTINONS MAIS BONS !

La clé d'un apéro vraiment chouette ? Cuisinez vous-même les tartinades, cela change tout et ce n'est pas compliqué. Voici quelques recettes à préparer pour régaler vos invités.

NIVEAU 0

le mélange thon en boîte et fromage blanc peut encore passer si on lui ajoute des épices sympas ou du citron confit.

NIVEAU 1

le guacamole. Interdiction (TOTALE) de l'acheter tout fait. On le prépare minute et on se régale.

NIVEAU 2

le houmous. Super actuel, il est par ailleurs très facile à préparer. Le secret : le servir encore tiède, miam !

NIVEAU 3

la tartinade à la betterave. On en trouve facilement de chouettes recettes, et avec sa couleur vive elle fait toujours un effet ouah sur un buffet.

NIVEAU 4

le tarama. Fait maison, c'est un délice qui surprendra vos convives (habitués à la médiocre pâte colorée en rose du supermarché).

ON CHANGE DE BRAQUET

Envie de faire passer vos apéros au niveau supérieur ?
Échangez vos vieux classiques contre des options dans l'air du temps !

ON OUBLIE	ON CHOISIT
Les cubes de fromages industriels emballés dans de l'alu coloré.	Un chèvre frais (chez le fromager) et on le roule dans un mélange d'herbes et d'épices, type zaatar.
La saucisse sèche du supermarché.	Quelques tranches de bonne charcuterie à la coupe.
Les tomates cerises sans goût.	Des tranches de radis servies avec de la fleur de sel et une giclée de citron vert.
Le surimi (sous TOUTES ses formes).	De la poutargue
Le dip tout prêt, genre tzatziki plein de flotte.	Une mayo maison avec plein d'herbes et un peu de paprika fumé?
Le blinis étouffe-chrétien bas de gamme.	Des crackers au sarrasin ou aux fruits secs.

DRINKS!

Voici une petite liste de cocktails et boissons (avec ou sans alcool) à adopter pour des apéros bien tournés :

- le spritz (voir p. 125) ;
- la bière de microbrasserie ,
- le Pimm's ;
- le pet'nat'* ;
- un bon jus de fruits ou de légumes fait minute à l'extracteur de jus (voir p. 32) ;
- un tonic de qualité agrémenté de jus de citron vert ;
- au cœur de l'été, une simple eau fraîche parfumée de feuilles de menthe et de rondelles d'agrumes (voir p. 66) ;

À oublier : l'unique bouteille de vin doux trop sucrée.

*On surnomme ainsi les « pétillants naturels », des vins effervescents produits par les vignerons en bio ou biodynamie. On en trouve chez tous les cavistes.

SHOPPING SÉCURITÉ : 5 INGRÉDIENTS À AVOIR CHEZ SOI POUR BIEN GÉRER UN APÉRO IMPROVISÉ

1. Une boîte de pois chiches cuits et un bocal de tahin. Ce duo se conserve jusqu'à la fin des temps et permet de préparer facilement un houmous minute.

2. Un paquet de *biltong*, délicieuse viande de bœuf séchée venue d'Afrique du Sud qui se conserve au placard (en épiceries fines, la marque française Meat Me est top).

3. Une ou deux boîtes de délicieuses conserves de poisson portugaises. Le bonus : le packaging est en général très joli. À vous les moules fumées, le poulpe rôti ou la morue confite à picorer.

4. Des amandes, que vous pourrez griller avec quelques épices au dernier moment : délicieux.

5. Des « chips » d'algues nori agrémentées d'huile de sésame, d'huile d'olive ou de thé matcha (en épiceries asiatiques). Si si, c'est très bon.

Quel vin pour quelle occasion ?

Vaste question, ou plutôt questions, qui sont donc difficiles à traiter d'une manière simple tant les variables sont nombreuses : l'occasion d'abord, mais aussi l'auditoire, le budget, voire la météo ou le cadre du jour. Donc tout dépendra... de beaucoup de choses. Prenons-les dans l'ordre.

À L'APÉRITIF

Un apéritif ou un cocktail signalent un avant-repas convivial comprenant boissons et mets simples, dont l'ensemble est censé ouvrir l'appétit. Le mot clé étant « ouvrir » — et non pas « fermer ». Il vaudrait mieux alors que le vin soit vif, stimulant ainsi la salivation, et plutôt léger, pour éviter d'encombrer le palais. On ira donc logiquement vers des vins effervescents secs ou demi-secs, des blancs et rosés vifs ou tendres et, éventuellement, des rouges légers. Cela laisse pas mal de choix !

À TABLE

Un dîner de famille constitue une fenêtre large et implique donc de la diversité dans le choix des vins, qui se fera en fonction de votre famille et de ses goûts, du budget que vous souhaitez y consacrer, puis des mets qui seront servis. Il est donc vain d'édicter une règle. On peut se borner à accorder les intensités et les attentes : à repas légers, des vins légers, à repas élaborés, des vins élaborés ; à auditoire peu œnophile, des vins simples (mais bons, évidemment), à auditoire plus connaisseur, des vins plus complexes.

AVEC LE SUCRE

Si vous voulez l'accorder avec un gâteau, il vous faudra un vin doux. Si le gâteau est à base de fruits, on va préférer des vins blancs doux. S'il est à base de chocolat, de café ou de fruits secs, allez plutôt vers des vins doux naturels de ton ambré ou rouge, ou des portos. Plus sombre est le dessert, plus sombre devrait être la couleur du vin. C'est une règle assez simple, mais qui marchera 9 fois sur 10. Essayez !

6 MOTS-CLÉS POUR DEVENIR UNE FOODISTA EXPERTE !

Acidité

Ce qui fait saliver la foodista au sens propre du terme. On en trouve dans tous les vins car le raisin est un des fruits les plus acides, même si la sensation peut être masquée par d'autres composants dont le sucre. Pour en parler en termes positifs, on utilisera le terme de « fraîcheur ».

Tanin

Quésaco ? Ils provoquent une sensation de sécheresse dans la bouche, c'est l'astringence. Les tanins étant contenus dans les peaux des raisins, on en trouvera surtout dans les vins rouges. Pour briller en société, on peut parler de tanins agressifs (vins jeunes un peu trop tanniques), de tanins fins (c'est bon signe en général) ou de tanins fondus (pour des vins rouges plus évolués).

Moelleux

Oui, comme ce magnifique coussin que vous avez repéré sur Instagram la semaine dernière. Ici le terme s'applique en général à un vin possédant du sucre résiduel, mais la sensation peut aussi caractériser des vins secs chaleureux, car l'alcool donne une légère impression sucrée de rondeur. C'est à la fois une sensation sucrée et tendre, assez confortable, qui masque ou abaisse la sensation d'acidité.

Structure

Attention les yeux ! C'est la façon dont se combinent les constituants du vin (acidité, tanin, alcool, moelleux). Un vin vif sera structuré autour de son acidité, un vin tannique sera bâti autour de ses tanins. La structure peut être « équilibrée » ou au contraire « déséquilibrée » si un aspect domine désagréablement l'ensemble.

Corps

C'est la richesse du vin que l'on mesure par sa consistance en bouche. C'est l'addition des tanins, de l'alcool et de la concentration des composés aromatiques. Un vin léger donne une impression fugace en bouche, un vin corsé ou charpenté se montrera plus riche, plus consistant, plus intense. Ça en jette non ?

Longueur

Un petit dernier pour la route. Elle décrit la durée de l'ensemble des sensations données en bouche. Il ne faudrait pas se contenter de la seule saveur acide ou sucrée. Il faut que le fruité du vin et son harmonie générale perdurent aussi. Pour épater la galerie, on utilisera le mot « caudalies », l'unité de mesure qui exprime la durée des saveurs (correspondant à une seconde). La longueur d'un vin peut varier entre un et vingt caudalies, et plus il y en a, mieux c'est !

Vous avez tout compris ?

Vous méritez bien un petit verre !

L'été SERA frozé !

Au retour des beaux jours, on voit fleurir sur les tables et les terrasses une étrange boisson givrée super fraîche : le frozé. L'idée ? Un cocktail granité à base de vin rosé, agrémenté parfois de fruits rouges, d'agrumes, de sucre ou d'épices. C'est frais, c'est gourmand, c'est joli, il ne faut pas s'étonner de son succès !

DÉCRYPTAGE DU FROZÉ CLASSIQUE :

- Du vin rosé
- Des fraises
- Du citron vert
- Un peu de cassonade

COMMENT RÉALISER UN FROZÉ ?

Pour créer l'effet granité, deux possibilités :

1. Placer le rosé directement au congélateur. Le vin prendra l'aspect d'une soupe épaisse et légèrement granitée, mais ne gèlera pas complètement à cause de l'alcool qu'il contient.

2. Mixer le rosé avec des glaçons. L'effet granité sera ici nettement plus franc, mais le cocktail contiendra autant d'eau et sera ainsi plus dilué.

LES ÉCUEILS À ÉVITER

- Choisir un vin rosé trop cheap ou trop cher. Trouvez le bon milieu.
- Avoir la main lourde sur le sucre ; la clé du frozé est sa fraîcheur.
- Attendre trop longtemps avant de le servir (*bye bye*, granité).
- Abuser du frozé (parce que aïe !).

IDÉES DE FROZÉ

À décliner dans la joie et la bonne humeur, il n'y a de limite que votre imagination gourmande :

- Rosé + gin + jus de pamplemousse + miel
- Rosé + myrtilles + sirop d'agave
- Rosé + champagne + citron vert + framboises

ASTUCE BONUS

On fait mariner les fraises dans un peu de sucre de canne pendant 1 heure avant de préparer le frozé pour développer la gourmandise des fruits.

Frozen rosé

framboises et rose

4 À 6 VERRES	PRÉPARATION : 10 MIN	REPOS : 12 H

INGRÉDIENTS

1 bouteille de rosé (75 cl)
Arôme naturel de rose (quantité selon le goût)
10 cl de sirop de framboise
4 c. à soupe de sucre en poudre
1 poignée de glace pilée
Quelques framboises fraîches
Quelques feuilles de basilic pour servir

1 La veille, versez le rosé dans un plat rectangulaire et creux, puis placez toute une nuit au congélateur.
Le rosé ne va pas congeler entièrement, c'est normal.

2 Le lendemain, versez le rosé dans un blender avec le sirop de framboise, la glace pilée et l'arôme, puis mixez pour obtenir une préparation lisse.

3 Répartissez dans des verres ou des coupes. Parsemez de framboises et de feuilles de basilic, puis servez aussitôt.

LE SAVIEZ-VOUS ?

FROZÉ = FROZen rosÉ « rosé gelé ».
On peut aussi l'écrire « frosé ».

Frozé, p. 24
Pesto de chou kale à tartiner, p. 163

Des olives Kalamata
pour se croire à Paros.

Mojito

1 VERRE	PRÉPARATION : 5 MIN

INGRÉDIENTS

½ citron vert
5 feuilles de menthe
2 c. à café bombées de sucre de canne
5 cl de rhum blanc cubain
glace pilée
eau gazeuse

1 Placez le citron vert coupé en morceaux dans le verre. Ajoutez les feuilles de menthe lavées et le sucre.

2 Pilez pour extraire le jus du citron et libérer les arômes de la menthe. Versez le rhum.

3 Remplissez de glace pilée aux deux tiers, puis complétez avec de l'eau gazeuse.

Astuce

Pour transformer vos glaçons en glace pilée, placez-les dans un torchon, refermez-le et tapez dessus à l'aide d'un maillet.

Spritz

1 VERRE	PRÉPARATION : 2 MIN

INGRÉDIENTS

1/2 rondelle d'orange
12 cl de vin blanc (type Chardonnay)
6 cl d'Aperol®
3 cl de soda (type Perrier®)

1 Déposez la demi-rondelle d'orange dans un verre à vin rempli de glace.

2 Versez le vin blanc, l'Aperol® et le soda.

Suzie spritz

1 VERRE	PRÉPARATION : 2 MIN

INGRÉDIENTS

1 citron vert
10 cl de vin blanc pétillant (type prosecco)
2 cl de sirop de pêche
6 cl de Suze®
3 cl de soda (type Perrier®)
1 branche de romarin

1 Déposez le zeste du citron vert dans un verre à vin rempli de glace, puis versez le vin pétillant, le sirop de pêche et la Suze®.

2 Ajoutez le soda et le romarin puis mélangez.

NON LA SUZE® N'EST PAS QUE L'APÉRITIF PRÉFÉRÉ DE VOTRE GAND-MÈRE. EN 2019, SUZE® IS THE NEW RHUM !

Les glaçons, les autres cubes de l'apéritif

Au cœur de l'été, quoi de plus chic que des glaçons savamment aromatisés ou joliment végétalisés pour agrémenter les boissons fraîches ? Franchement, on ne voit pas !

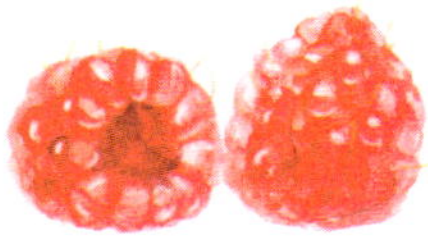

Des glaçons de pro'

Pour obtenir le plus joli des effets, réalisez des glaçons limpides et parfaitement transparents, comme ceux des bars à cocktails.
Le principe : utiliser une eau débarrassée de toutes les impuretés qui laissent des traces en gelant et donnent aux glaçons un aspect laiteux.
Comment faire ?

1. Achetez de l'eau distillée.
2. Faites-la bouillir une première fois dans une casserole bien propre.
3. Couvrez de film alimentaire (pour protéger l'eau de la poussière) et laissez refroidir.
4. Faites bouillir de nouveau.
5. Couvrez et laissez refoidir.
6. Versez dans un bac à glaçons et placez au congélateur.

LE TRUC EN PLUS

Idées de glaçons aromatisés pour le plus joli des effets.

1. Framboise et romarin
2. Myrtilles et groseilles
3. Hibiscus séché
4. Concombre et basilic
5. Sirop de fraise
6. Jus de tomate
7. Graines de vanilles et zeste d''orange
8. Menthe et citron vert

4
2
7
1
3
5
6
8

2
1

Régalez-vous
à la page suivante
4
5
3

1

Caviar d'aubergines

au paprika fumé

1 BOL	PRÉPARATION : 15 MIN	CUISSON : 1 H

INGRÉDIENTS

1 aubergine
1 gousse d'ail
1 c. à soupe de purée de sésame
1 pointe de jus de citron
1 c. à café de sumac en poudre
2 c. à soupe de paprika fumé
Sel et poivre

1 Allumez le four en mode gril. Déposez l'aubergine sur une plaque de cuisson et enfournez pour 1 h en la retournant toutes les 15 minutes pour brûler sa peau sur toutes les faces.

2 À l'issue de la cuisson, ouvrez l'aubergine en deux dans le sens de la longueur et prélevez la chair. Déposez-la dans un bol et mélangez-la avec le reste des ingrédients.

2

Houmous de petits pois

au citron confit

1 BOL	PRÉPARATION : 5 MIN	CUISSON : 5 MIN

INGRÉDIENTS

250 g de petits pois
+ quelques-uns pour décorer
20 g de mascarpone
1 citron confit
3 c. à soupe d'huile d'olive
3 tiges de menthe
Sel et poivre du moulin

1 Faites blanchir les petits pois 5 min dans de l'eau bouillante salée. Égouttez.

2 Placez les petits pois, le mascarpone, le citron confit grossièrement coupé, l'huile d'olive et la menthe effeuillée dans un mixeur, puis actionnez pour obtenir une pâte lisse. Salez, poivrez et mélangez.

3

Fromage blanc

au citron vert et curry

1 BOL	PRÉPARATION : 5 MIN

INGRÉDIENTS

300 g de fromage blanc
8 tiges de ciboulette
Le jus de 1 citron vert non traité
1 c. à soupe de poudre de curry Balti
1 filet d'huile d'olive
Sel et poivre du moulin

1 Ciselez la ciboulette.

2 Dans un bol, placez le fromage blanc, la ciboulette, le jus de citron vert, le curry et l'huile d'olive. Salez, poivrez et mélangez.

4

Tapenade

d'olives noires aux figues

1 BOL	PRÉPARATION : 10 MIN

INGRÉDIENTS

100 g d'olives de Kalamata dénoyautées
100 g de figues séchées assez tendres
1 gousse d'ail
20 g de fleurs de câpres équeutées
30 à 40 cl d'huile d'olive
1 pointe de jus de citron
Sel et poivre du moulin

1 Épluchez, dégermez et hachez l'ail grossièrement. Placez les olives, les figues, l'ail, les fleurs de câpres et une partie de l'huile d'olive dans un mixeur, puis actionnez pour obtenir une pâte.

2 Ajoutez l'huile d'olive restante petit à petit jusqu'à obtenir la bonne consistance, puis le jus de citron. Salez, poivrez et mélangez.

5

Guacamole

(indémodable)

1 BOL	PRÉPARATION : 15 MIN

INGRÉDIENTS

2 avocats
1 gousse d'ail
1 piment jalapeño
Le jus de ½ citron vert
4 tiges de coriandre
Sel et poivre du moulin

1 Épluchez, dégermez et hachez finement l'ail. Hachez le piment et ôtez-en les graines si vous ne désirez pas un guacamole trop épicé. Effeuillez la coriandre et ciselez-la.

2 Ouvrez les avocats en deux et retirez les noyaux. Prélevez la chair, puis déposez-la dans un bol et écrasez-la avec une fourchette. Ajoutez l'ail, le piment, le jus de citron vert et la coriandre. Salez, poivrez et mélangez.

Apéro *thaï*

Bangkok, Phuket ou encore Kho Phiphi… Des noms qui donnent envie de prendre son passeport, son maillot de bain et de partir loin, loin, loin… Si jamais vous avez le mal de l'air ou que votre patron risque de ne pas apprécier votre départ prématuré en vacances, on vous propose de vous consoler avec un délicieux apéro aux saveurs thaïlandaises (et garanti sans insectes frits !) Et puis, ce sera peut-être l'occasion de programmer votre prochain voyage en Asie, non ?

Pour 4 personnes

½ mangue
12 crevettes cuites
400 g de poulet
1 botte de coriandre
1 c. à soupe de coriandre moulue
10 cl de lait de coco
1 c. à soupe de sucre
150 g de noix de cajou crues
1 c. à soupe de graines de sésame
5 feuilles de citron séchées
2 ½ citrons verts
Baies roses
½ baton de citronnelle
2 ciboules
50 g de chapelure
2 c. à soupe de sauce chili douce
½ c. à café de curcuma
1 petit morceau de gingembre
1 ½ gousse d'ail
1 c. à soupe de sauce soja
1 pincée de piment
Huile d'arachide
Huile d'olive
Sel et poivre

Verrines de mangue, crevettes & coriandre

Préparation : 15 min

Décortiquez les crevettes et coupez- les en trois. Épluchez la mangue et détaillez-la en cubes. Prélevez le zeste et le jus de 1 citron vert. Dans un saladier, arrosez les cubes de mangue et les crevettes de jus de citron et de sauce soja. Ajoutez de la fleur de sel, des baies roses écrasées, de la coriandre ciselée et le zeste de citron, puis mélangez délicatement. Répartissez la salade dans 4 verrines, saupoudrez de sésame et réservez au frais.

Boulettes de poulet à la coriandre

Préparation : 20 min

Cuisson : 5 min

Dans un grand saladier, mélangez le poulet haché et la chapelure. Incorporez les ciboules émincées, la coriandre en poudre et de la coriandre fraîche, la sauce chili, le jus et le zeste de 1 citron vert. Avec vos mains légèrement mouillées, façonnez 16 boulettes. Dans une poêle, faites-les revenir avec un peu d'huile d'olive à feu moyen, jusqu'à ce qu'elles soient bien dorées. Plantez-les sur des piques en bois.

Noix de cajou épicées

Préparation : 15 min

Cuisson : 5 min

Cassez les feuilles de citron pour obtenir des paillettes. Dans un bol, mélangez- les avec le piment et 2 pincées de fleur de sel. Faites revenir 1 gousse d'ail émincée dans une poêle avec un peu d'huile d'arachide. Ajoutez les noix de cajou et le sucre, puis laissez torréfier jusqu'à ce que les noix soient bien caramélisées. Ajoutez les paillettes de citron épicées et mélangez. Laissez refroidir.

Dip de coco épicé

Préparation : 10 min

Mixez le gingembre avec ½ gousse d'ail et la citronnelle. Transférez dans un saladier et ajoutez la crème de coco, 1 c. à soupe de jus de citron vert, le curcuma et le curry. Remuez, salez et poivrez. Parsemez de coriandre ciselée. Dégustez avec des crudités.

Apéro mezze

Quoi de mieux pour affronter l'hiver ou se délecter de l'été, qu'un apéro qui fleure bon le soleil (et qui ne soit pas composé que d'olives vertes et de rosé !) ? La Méditerranée s'invite dans vos assiettes grâce à 4 recettes venues tout droit de ses rives !

Pour 4 personnes

120 g de boulgour
500 g de pois chiches en boîte
4 tomates fermes
2 aubergines
1 oignon
1 botte d'oignons nouveaux
2 gousses d'ail
1 c. à soupe de tahin (purée de sésame)
2 ½ citrons
1 botte de menthe
2 ½ bottes de persil
½ botte de coriandre fraîche
1 pincée de paprika
2 c. à soupe de farine
cumin
huile d'olive

Houmous

Préparation : 10 min

Égouttez 250 g de pois chiches et versez- les dans le bol d'un mixeur avec 1 c. à soupe du jus de cuisson. Ajoutez 2 c. à café de jus de citron, 1 gousse d'ail émincée, le tahin et 1 pincée de sel. Mixez jusqu'à obtenir une préparation homogène. Versez dans un bol et placez au frais. Au moment de servir, arrosez d'un filet d'huile et saupoudrez de cumin et de paprika.

Falafels au four

Préparation : 15min

Cuisson : 15 min

Mixez 250 g de pois chiches avec l'oignon haché. Ajoutez ½ botte de persil, autant de coriandre, 1 ½ c. à café de cumin, la farine et 1 c. à café de sel, puis mixez de nouveau en un mélange homogène. Versez dans un torchon propre et essorez pour retirer un maximum de jus. Reversez dans le robot et mixez finement. Formez 20 boulettes bien tassées entre vos mains et déposez-les sur une plaque recouverte de papier sulfurisé. Huilez-les légèrement à l'aide d'un pinceau. Enfournez pour 10 à 15 min à 180 °C.

Caviar d'aubergine

Préparation : 15 min

Cuisson : 15 min

Pelez les aubergines et coupez-les en cubes. Déposez-les dans un plat, puis arrosez-les du jus de 1 citron, salez et poivrez. Filmez et mettez 15 min au four à micro-ondes à puissance maximale. Mélangez à mi-cuisson (faites attention à ne pas vous brûler avec la vapeur). Transférez dans un saladier et laissez refroidir. Mixez les aubergines avec 5 cl d'huile, 1 gousse d'ail et du cumin. Réservez au frais.

Taboulé

Préparation : 20 min

Trempage : 15 min

Faites tremper le boulgour 15 min dans un bol d'eau. Hachez finement au couteau 2 bottes de persil et 1 botte de menthe. Dans un saladier, mélangez-les avec les oignons nouveaux émincés et les tomates coupées en petits dés. Égouttez le boulgour et placez-le dans le saladier. Arrosez du jus de 1 citron et de 3 c. à soupe d'huile. Salez et mélangez. Réservez au frais.

Apéro indien

Si comme nous, l'idée d'un apéro sur les bords du Gange ou face au Taj Mahal vous a toujours fait rêver, foncez découvrir ces 4 recettes ! Riches en couleurs et en saveurs, elles vous transporteront à Bollywood le temps d'une soirée !

Pour 4 personnes

1 ½ concombre
20 grosses crevettes crues
1 grande courgette
1 carotte
10 radis roses
le jus de ½ citron
le jus de 1 citron vert
4 feuilles de bricks
150 g de fromage frais
4 yaourts à la grecque
1 yaourt nature
1 c. à soupe de crème fraîche
1 œuf
1 pot de chutney
1 petit oignon rouge
1 gousse d'ail
quelques brins de coriandre
1 botte de menthe
1 c. à soupe d'épices tandoori
2 pincées de cumin
1 cm de gingembre
1 pincée de piment
curcuma
huile végétale

Raïta concombre et menthe

Préparation : 5 min

Râpez 1 concombre. Hachez ½ botte de menthe et l'ail. Mélangez ces ingrédients avec 2 yaourts à la grecque, 1 pincée de piment et de cumin. Mettez au frais avant de servir.

Brochettes de crevettes et courgettes tandoori

Préparation : 15 min

Cuisson : 15 min

Décortiquez les crevettes, farinez-les et faites-les revenir 5 min dans une poêle avec de l'huile. Ajoutez 1 yaourt nature, le jus de citron vert, 1 c. à café de curcuma, les épices tandoori et laissez mijoter quelques minutes. Parsemez de coriandre ciselée. Détaillez la courgette en tagliatelles à l'aide d'un Économe. Faites-les poêler 3 ou 4 min dans un filet d'huile, à feu moyen. Déposez-les sur du papier absorbant. Ajoutez 1 pincée de curcuma et de sel. Enroulez chaque crevette dans une tagliatelle de courgette et maintenez-les avec des piques en bois.

Samoussas au fromage et chutney

Préparation : 15 min

Cuisson : 20 min

Écrasez le fromage frais à la fourchette avec la crème et 1 pincée de curcuma. Salez et poivrez. Coupez chaque feuille de brick en deux, repliez le bord arrondi vers le centre, puis déposez 1 c. à café de farce et une de chutney à une extrémité. Rabattez la pâte sur la farce et repliez-la pour former un premier triangle, puis continuez de former des triangles en roulant la feuille sur elle-même et en serrant bien. Badigeonnez les samoussas d'œuf battu dilué dans de l'eau. Faites cuire au four 10 min sur chaque face à 200 °C.

Raïta aux légumes

Préparation : 5 min

Râpez ½ concombre et la carotte. Hachez le gingembre, l'oignon rouge, quelques brins de menthe et de coriandre. Coupez les radis en fines lamelles. Mélangez ces ingrédients avec 2 yaourts à la grecque. Saupoudrez de 1 pincée de cumin et arrosez de jus de citron. Mettez au frais avant de servir.

La Burrata mania

Elle a déboulé dans nos assiettes
et conquis nos cœurs de gourmands :
la version uber-crémeuse
de la mozzarella enchante nos repas.

QU'EST-CE QUE C'EST ?

La burrata est une mozzarella farcie de crème et de mozzarella effilochée. Refermée ensuite comme un petit paquet-cadeau, elle dégouline généreusement lorsqu'on la coupe à la dégustation. Sa générosité extrême est la clé de son succès !

COMMENT L'ACHETER ?

• Comme elle nécessite plusieurs manipulations avant d'être farcie, la burrata est plus chère que la mozzarella – attention cependant car, même en prenant cela en compte, elle est parfois vendue trop cher pour ce qu'elle vaut, notamment au restaurant. C'est bon, mais ce n'est pas un produit de luxe non plus !

• Comme pour la mozzarella dont elle est la cousine, la burrata peut être fabriquée à partir de lait de vache ou de lait de bufflonne, plus typé (dans ce cas, il est indiqué *di buffala* sur l'emballage). À vous de choisir celle que vous préférez.

COMMENT LA PRÉPARER ?

Sa force, c'est sa simplicité. Simplement posée au-dessus de quelques tranches de tomates, feuilles de roquette et asperges tièdes, et arrosée d'un filet d'huile d'olive, on en raffole. Cependant, comme les choses les plus simples, la burrata ne supporte pas la médiocrité : on lui offre donc une magnifique fleur de sel, un pain artisanal bien croustillant, des légumes et crudités de saison au top de leur forme.

SHOPPING BURRATA FRIENDLY

• **Fleur de sel fumée de l'île de Batz,** informations sur www.grandcrudebatz.com

• **Olives noires de Kalamata,** informations sur www.mykalios.com

• **Huile de cacahuètes grillées Leblanc,** informations sur www.huile-leblanc.com

Burrata faux pas !

Attention, la foodista moderne qui se respecte évitera désormais l'usage d'huiles, de sauces et de crèmes dites « à la truffe » qui sont TOUTES (quel que soit leur prix) boostées artificiellement aux arômes. Et c'est tellement 2010, *please*...

+ tomates
+ basilic thaï
+ échalote

+ gorgonzola
+ endives
+ pommes granny

Associations gagnantes

+pêches
+ fleur de sel fumée
+ estragon

+ artichauts
+ noisettes grillées
+ cerfeuil

Pizza couronne

jambon, artichaut, burrata et pistaches

6 PERSONNES	PRÉPARATION : 15 MIN	CUISSON : 15 MIN

INGRÉDIENTS

1 pâte à pizza fine
1 boule de mozzarella (125 g)
2 tranches de jambon blanc
8 morceaux d'artichauts à l'huile
6 c. à soupe de sauce tomate au basilic
½ burrata
1 c. à soupe de pistaches décortiquées
4 brins de ciboulette

1 Préchauffez le four à 190 °C. Coupez la mozzarella en fines tranches, puis déposez-les sur une feuille de papier absorbant. Coupez les tranches de jambon et l'artichaut en petits morceaux. Hachez les pistaches et ciselez la ciboulette.

2 Déroulez la pâte à pizza. À l'aide d'un saladier retourné ou d'un emporte-pièce d'environ 15 cm de diamètre, marquez le centre de la pâte en l'enfonçant légèrement, sans la couper. Retirez-le puis faites 8 entailles dans le cercle, en partant du centre jusqu'au bord du cercle empreint, de façon à former 8 triangles.

3 Étalez la sauce tomate sur tout le pourtour de la pizza en laissant un bord de pâte de 1 cm sur tout autour. Garnissez avec la mozzarella, le jambon et les artichauts.

4 Badigeonnez le centre de la pâte d'un peu d'eau, puis repliez les triangles vers l'extérieur en collant les pointes sur la pâte. Salez et poivrez. Enfournez pour 15 min.

5 Répartissez la burrata sur la pizza cuite et parsemez-la de pistaches concassées et de ciboulette avant de servir.

Salade de burrata

petits pois, courgettes et noisettes

4 PERSONNES	PRÉPARATION : 15 MIN	CUISSON : 7 MIN

INGRÉDIENTS

1 burrata
200 g de petits pois
2 courgettes
30 g de noisettes décortiquées
6 feuilles de basilic
4 c. à soupe d'huile d'olive
Le jus et le zeste de ½ citron non traité + quelques beaux zestes pour décorer
1 belle poignée de mesclun de jeunes pousses
Sel et poivre du moulin
Tranches de pain pour servir

1 Faites blanchir les petits pois 5 min dans de l'eau bouillante salée. Égouttez. Découpez les courgettes en fins rubans à l'aide d'une mandoline. Faites torréfier les noisettes à sec dans une poêle, puis concassez-les grossièrement.

2 Dans un bol, mélangez le jus et les zestes de citron avec l'huile d'olive. Dans un autre bol, mélangez les petits pois avec les courgettes et les jeunes pousses, puis ajoutez les deux tiers de la vinaigrette. Salez, poivrez et remuez.

3 Versez dans un saladier ou une assiette de service, déposez la burrata au centre et arrosez de la vinaigrette restante. Parsemez des noisettes, des feuilles de basilic et de zestes de citron, puis servez avec des belles tranches de pain.

Slunch time !

Qu'est-ce que c'est encore que cette bête-là ? On avait déjà, en plus de nos trois traditionnels repas, le brunch, le goûter, l'apéro, le cocktail ou encore le snack de sortie de club… Il ne manquait visiblement pas d'occasion pour déguster dans la journée, et pourtant le slunch est apparu. Au-delà du mot franchement laid (on peut se le dire, on est entre nous), l'idée de départ est plutôt très sympa : le slunch est un genre de *tea time* qui dériverait en apéro dînatoire. Pour résumé, il s'agit un peu de l'union de nos deux moments préférés de la journée, cela mérite donc toute notre attention.

QU'EST CE QUE ÇA VEUT DIRE ?

Le terme *slunch*, contraction des mots anglais supper et lunch, est un barbarisme qui aurait été inventé par une journaliste française. Il est vrai que malgré la disgrâce du mot slunch, « goutapéro » ne sonne pas mieux….

QUAND EST-CE QU'ON SLUNCHE ?

La particularité du slunch par rapport aux autres moments de communion gourmande, est qu'il est consacré par un seul jour de la semaine : le dimanche. Si l'on brunche aussi bien le samedi que pendant les vacances, le slunch ne se conçoit que le dernier jour de la semaine. Au moment où, fatigués par la fiesta de la veille, on s'apprête à entamer une nouvelle semaine de travail, le slunch est le moment parfait pour profiter de ceux qu'on aime de façon cool et festive, chasser le blues du dimanche soir, sans se coucher trop tard. Et un bon moyen d'éventuellement accomoder les restes des repas du week-end, souvent copieux.

LE DÉROULEMENT DU SLUNCH

Comme il se veut un goûter dérivant vers l'apéro, le slunch commence en général par le sucré : biscuits, crêpes, cookies, précèdent donc la chiffonnade de saumon fumé et les mini-sandwiches au fromage. A vous, selon vos goûts et ceux de vos invités, de mettre davantage l'accent sur ce qui vous convient.

ASTUCE : LE RECYCLAGE GOURMAND DU WEEK-END

Idéalement situé en fin de semaine, le slunch est une occasion parfaite pour utiliser les restes du week-end !

Avec ...	On prépare...
Les restes du poulet rôti.	Des verrines de volailles / estragon / pasta.
Les restes de croissants.	Des mini-sandwiches chauds jambon-fromage.
Les restes du pot au feu (ou du curry d'agneau).	Des tacos avec plein d'herbes fraîches.
Les deux rouleaux de printemps commandés au restaurant vietnamien du pied de l'immeuble.	Des rondelles présentées à plat comme des makis.
Les restes du gâteau au chocolat de Tata.	Des mini rochers trempés dans du chocolat fondu.
Les restes de champagne.	Des spritzs royaux, bien allongés d'eau gazeuse (pour éviter d'avoir de nouveau mal à la tête lundi matin).

SLUNCHER, OK, MAIS AVEC QUI ?

L'indéniable avantage du slunch, c'est qu'il se plie à toutes les configurations et fait l'unanimité chez tous. Quelle que soit votre situation familiale, vous avez, même sans le savoir, de bonnes raisons de sluncher.

LE SLUNCH EN FAMILLE

- C'est fun à préparer en famille.
- Les enfants sont ravis de ce goûter géant pendant lequel ils peuvent jouer aux légo ou à la marelle.
- Le slunch est souple : si l'enfant est fatigué (si tant est que ça arrive), il peut aller se coucher quand bon lui semble sans bouleverser le dîner.

LE SLUNCH ENTRE COPAINS

- Super facile à organiser, le slunch permet au groupe de se retrouver en toute simplicité : chacun apporte un truc et c'est parti.
- On en profite pour débriefer du weekend : la folle soirée de vendredi, l'expo, le match, ou la session de shopping compulsif du samedi...
- C'est une occasion de faire découvrir plein de bonnes choses aux copains : charcuterie corse, tartinade orientales, biscuits italiens ou sushis faits maison, le slunch est un vrai moment de partage gourmand.

1 Petites pavlovas déstructurées

4 PERSONNES	PRÉPARATION : 15 MIN	CUISSON : 40 MIN

INGRÉDIENTS

2 blancs d'œufs
125 g de sucre en poudre
+ 2 c. à soupe
30 cl de crème fleurette
200 g de fruits rouges
frais ou surgelés
+ quelques-uns pour décorer
1 pincée de sel

1 Préchauffez le four à 120 °C (th. 4). Fouettez les blancs d'œufs avec le sel. Quand ils commencent à monter, ajoutez le sucre une cuillerée à soupe à la fois. Une fois le sucre incorporé, continuez de battre 3 min : la meringue doit être bien lisse, brillante et former un bec. Garnissez une poche munie d'une douille cannelée et formez des petits tas sur une plaque recouverte de papier sulfurisé. Enfournez pour 30 min.

2 Faites revenir les fruits dans une petite casserole avec les 2 c. à soupe de sucre en écrasant à l'aide d'une cuillère en bois. Portez à ébullition, puis faites revenir 5 min et filtrez. Laissez le coulis refroidir à température ambiante.

3 Fouettez la crème fleurette en une chantilly bien ferme et garnissez-en une poche à douille. Répartissez les meringues dans des petits bols ou coupelles. Ajoutez un peu de chantilly, versez un peu de coulis et parsemez de fruits. Servez aussitôt.

2 Samoussas de bœuf aux fruits secs

4 PERSONNES	PRÉPARATION : 15 MIN	CUISSON : 30 MIN

INGRÉDIENTS

10 feuilles de brick
350 g de bœuf haché
1 oignon
1 gousse d'ail
50 g de raisins secs
60 g d'abricots secs
10 cl de jus de pommes
1 c. à soupe de quatre-épices
1 c. à soupe de paprika doux
2 c. à soupe d'huile d'olive
20 g de beurre fondu
Sel et poivre du moulin

1 Préchauffez le four à 180 °C (th. 6). Hachez les abricots secs. Épluchez et ciselez l'oignon. Épluchez, dégermez et hachez l'ail. Faites revenir l'oignon avec l'huile d'olive dans une poêle à feu vif jusqu'à ce qu'il devienne translucide. Ajoutez l'ail et faites revenir encore 2 min en remuant régulièrement. Ajoutez la viande et faites-la revenir jusqu'à ce qu'elle commence à dorer. Ajoutez les raisins et les abricots secs, le jus de pommes et les épices. Laissez mijoter 2 min. Salez et poivrez. Ôtez du feu.

2 Coupez les feuilles de brick en deux, puis en quatre pour obtenir des bandes de 5 cm de largeur environ. Posez un peu de la préparation précédente à l'extrémité d'une bande, puis repliez le petit côté sur le grand en formant un triangle. Rabattez le triangle sur lui-même tout au long de la bande, puis collez le bord avec un peu d'eau à l'aide d'un pinceau. Procédez ainsi avec chaque bande.

3 Déposez les samoussas sur une plaque recouverte de papier sulfurisé et badigeonnez-les de beurre fondu. Enfournez pour 15 à 20 min : les samoussas doivent être bien dorés. Servez chaud ou froid.

3 Soupe de chou-fleur

au curry et coco

4 PERSONNES	PRÉPARATION : 10 MIN	CUISSON : 25 MIN

INGRÉDIENTS

½ chou-fleur ou 1 petit chou-fleur
1 oignon
1 c. à soupe d'huile de coco
1 c. à soupe de curry Balti en poudre (ou plus selon le goût)
40 cl de lait de coco
1 cube de bouillon de légumes
3 tiges de coriandre
Huile d'olive
Sel et poivre du moulin

1 Épluchez et ciselez l'oignon. Retirez la tige du chou-fleur et détaillez-le en fleurettes. Effeuillez et hachez grossièrement la coriandre.

2 Faites revenir l'oignon avec l'huile de coco dans une poêle à feu vif jusqu'à ce qu'il devienne translucide. Ajoutez le chou-fleur et faites revenir encore 5 min en remuant de temps en temps. Versez la pâte de curry, le lait de coco, 20 cl d'eau et le cube de bouillon. Salez et poivrez. Baissez le feu et laissez mijoter 20 min, le chou-fleur doit être bien tendre. Retirez du feu et mixez le tout à l'aide d'un mixeur plongeant ou dans un blender. Rectifiez l'assaisonnement si besoin.

3 Répartissez la soupe dans des mini-bols, parsemez de curry en poudre pour décorer, de coriandre et d'un peu d'huile d'olive. Servez aussitôt.

4 Tempuras de crevettes,

dip à l'aïoli

4 PERSONNES	PRÉPARATION : 15 MIN	CUISSON : 4 MIN

INGRÉDIENTS

12 crevettes crues
50 g de farine
50 g de Maïzena
1 sachet de levure chimique
2 c. à soupe de cumin en poudre
100 g d'eau gazeuse très froide
1 jaune d'œuf
20 cl d'huile de tournesol
1 c. à café de moutarde
1 trait de vinaigre
1 gousse d'ail

1 Préparez un aïoli. Épluchez, dégermez et hachez finement l'ail. Placez le jaune d'œuf et la moutarde dans un bol, puis fouettez. Ajoutez l'huile en filet sans cesser de fouetter pour faire prendre la mayonnaise. Une fois toute l'huile incorporée, ajoutez le vinaigre et l'ail. Fouettez. Filmez et placez au frais.

2 Dans un saladier, mélangez la farine avec la Maïzena, la levure, le cumin et l'eau gazeuse, puis placez la préparation 30 min au réfrigérateur.

3 Faites chauffer l'huile dans une friteuse ou dans une casserole. Quand elle atteint 180 °C, plongez-y les crevettes préalablement trempées dans la pâte à tempura, en veillant à ne pas vous brûler. Laissez-les dorer 3 à 4 min, puis retirez-les à l'aide d'une écumoire et déposez-les sur du papier absorbant. Saupoudrez aussitôt de fleur de sel et servez bien chaud avec la sauce.

Des idées
pour un délicieux slunch
en page précédente…

3
4

Est-ce QUE tu restes *POUR* DÎNER ?

AMÉRIQUE DU SUD : le nouveau continent gourmand

C'est un fait : la plupart d'entre nous croient connaitre à tort les cuisines d'Amérique du Sud, en la résumant au guacamole et aux chips triangulaires (pour rappel : les Pépito® ne sont pas une spécialité mexicaine ancestrale). Si nous avons découvert les cuisines d'Asie grâce à l'afflux de migrants arrivés dans les années 70, le même phénomène ne s'est pas produit avec le continent américain. Toujours est-il qu'il est grand temps de découvrir ces délicieuses cultures gastronomiques !

DÉCRYPTAGE

Si, sur cet immense continent, chaque pays a développé sa propre cuisine, on retrouve souvent des influences communes croisées :

- **L'influence amazonienne.** L'immense territoire vert au cœur du continent regorge de produits extraordinaires et inhabituels pour nos palais européens.
- **L'influence andine.** Du haut de leurs montagnes, les peuples du massif des Andes ont cultivé bien des ingrédients clés comme le quinoa qui a connu un pic de popularité ces dernières années.
- **L'influence africaine.** Au temps de l'esclavage, les grands propriétaires terriens du continent firent venir des populations d'esclaves du continent africain, lesquelles arrivèrent avec leurs cultures culinaires.
- **L'influence de l'Europe du Sud.** Les conquistadores espagnols et portugais apportèrent avec eux des plats typiques, toujours très appréciés en Amérique du Sud.

TROIS INGRÉDIENTS CLÉS DES CUISINES D'AMÉRIQUE DU SUD

- **Le maïs.** Si le blé est l'ingrédient qui fit survivre notre civilisation occidentale, en Amérique du Sud, c'est le maïs qui a fait le boulot. Il en existe des dizaines de variétés différentes, de tailles et de couleur variées.
- **La maracuja.** Ce fruit de la Passion vif et parfumé influence toute la zone médiane du continent et se retrouve dans nombre de plats, de desserts et de boissons.
- **Le piment.** En Amérique du Sud, il est roi ! Ou plutôt : ils *sont* rois car il en existe des dizaines de variétés de tous les goûts et de toutes les couleurs. Tantôt féroce, tantôt plus doux, il est la clé de bien des délicieux plats, alors ne le zappez pas !

LE CAS DE LA CUISINE NIKKEI

Ce courant particulier de la cuisine du Pérou a été développé par les très nombreux migrants d'origine japonaise installés dans le pays. Ceux-ci, ayant apporté avec eux le soja, le miso ou l'huile de sésame, les ont mixé avec les piliers de la cuisine locale comme le maïs ou le ceviche ; mais ont aussi appris aux Péruviens à apprécier des produits comme le poulpe, qui était autrefois rejeté à la mer. Le résultat donne sans conteste l'une des toutes meilleures cuisines du monde.

TROIS INGRÉDIENTS LATINO-AMÉRICAINS À DÉCOUVRIR :

- La farine de maïs violet : couleur spectaculaire, bon goût de maïs, elle entre dans des préparations de gâteaux, de crèmes dessert, et bien sûr, de tortillas. Très antioxydante, on la trouve facilement en épicerie bio ou santé.
- Le piment jaune « Amarillo » : ce piment très parfumé et équilibré est indissociable du ceviche. Très facile à utiliser, on le trouve aisément sous forme de pâte dans les épiceries sud-américaines.
- Le Dulce de Leche : cette « sauce » sucrée au puissant goût de caramel est une gourmandise parfaitement indécente dont les Argentins raffolent ... et on les comprend ! À dénicher en épicerie fine.

UNE ADRESSE : EL INTI

Cette épicerie péruvienne en ligne (également une boutique à Paris) possède un assortiment d'une rare variété. On y trouve beaucoup d'ingrédients (piments, céréales, maïs ...) et un conseil toujours adorable : www.boutique-peruvienne.com

QUELQUES PLATS INCONTOURNABLES DU CONTINENT :

- **La parilla :** le barbecue argentin ;
- **le ceviche :** tartare de poisson cru, roi de la cuisine du Pérou (recettes aux pages 160-161) ;
- **les tamales :** papillotes à base de farine de maïs, salées ou sucrées ;
- **les anticuchos :** brochettes, souvent à base d'abats ;
- **la feijoada :** ragout Brésilien à base de haricots.

Tacos aux fruits de mer

et salsa concombre-orange

4 PERSONNES	PRÉPARATION : 18 MIN	CUISSON : 20 MIN

INGRÉDIENTS

8 petites tortillas de maïs
400 g de mélange de fruits de mer
1 concombre
2 oranges pelées en petits dés + le jus d'une orange
4 c. à soupe de mayonnaise
Tabasco® rouge ou vert (facultatif)
1 filet d'huile d'olive
1 citron vert en quartiers
Sel et poivre

1 Préchauffez le four à 180 °C. Coupez le concombre et l'orange épluchée en dés, puis mélangez-les.

2 Délayez la mayonnaise avec un peu de jus d'orange et éventuellement du Tabasco®.

3 Enfournez les tortillas empilées et entourées de papier d'aluminium 15 min. Pendant ce temps, faites revenir les fruits de mer 5 min à feu très vif dans une grande poêle avec 1 filet d'huile, du sel et du poivre.

4 Garnissez les tortillas avec les fruits de mer et la salsa concombre-orange. Arrosez en filets de la sauce mayonnaise-orange et servez avec les quartiers de citron.

Flautas végétariennes

4 PERSONNES	PRÉPARATION : 15 MIN	CUISSON : 30 MIN

INGRÉDIENTS

1 grosse boîte de haricots noirs ou rouges, égouttés et rincés
200 g de coulis de tomate
1 c. à café de mélange d'épices mexicain
8 petites tortillas de maïs
150 g de cheddar râpé
4 c. à soupe de crème fraîche épaisse
1 yaourt à la grecque
Un peu d'huile d'olive
Sel et poivre

1 Dans une casserole à fond épais, faites mijoter 15 min les haricots avec les épices et le coulis de tomate. Salez si besoin.

2 Préchauffez le four à 210 °C. Huilez au pinceau une feuille de papier sulfurisé posée sur la plaque du four. Garnissez les tortillas de haricots et de fromage, roulez-les et disposez-les sur la feuille, fermeture vers le bas. Huilez généreusement et enfournez 15 min, jusqu'à ce qu'elles soient bien dorées.

3 Incorporez la crème au yaourt. Servez les flautas nappées de ce mélange.

Idée

pour un air de Mexico plus vrai que nature, servez vos tacos et autres flautas accompagnés de pico de gallo (tomates en dés + petit piment vert haché + oignon vert émincé + coriandre hachée + jus de citron vert + sel et poivre) et de guacamole (recette p. 131) !

Tacos au bœuf épicé

4 PERSONNES	PRÉPARATION : 10 MIN	CUISSON : 4 MIN

INGRÉDIENTS

8 tacos durs
600 g de bœuf haché
2 oignons
Tabasco® rouge ou vert
2 c. à café de mélange d'épices mexicain
2 tomates
100 g de cheddar râpé
1 filet d'huile d'olive

1 Faites revenir dans un peu d'huile le bœuf avec les oignons et les épices 4 min à feu vif. Relevez de Tabasco® selon votre goût.

2 Garnissez les tacos de bœuf aux oignons, de tomate et de fromage et servez aussitôt.

Astuce

si vous ne trouvez pas de tacos durs dans le commerce, préparez-les vous-même. Préchauffez le four à 180 °C. Étalez les tortillas badigeonnées d'huile sur la plaque du four recouverte de papier sulfurisé. Enfournez 10 min en les retournant à mi-cuisson, et pliez-les à la sortie du four, afin qu'ils prennent une forme incurvée.

Empanadas

La recette de base

4 EMPANADAS	PRÉPARATION : 10 MIN	CUISSON : 20 MIN

INGRÉDIENTS

1 rouleau de pâte brisée
de la garniture
(3 idées de recettes à la suite)
1 jaune d'œuf
graines (facultatif)

1 Étalez la pâte brisée sur un plan de travail et découpez-y des ronds de 10 ou 12 cm de diamètre à l'aide d'un emporte-pièce, puis déposez 1 c. à soupe bombée de la garniture au centre. Humidifiez le bord à l'aide d'un pinceau, ramenez-le sur la garniture, soudez les bords en appuyant avec les doigts pour obtenir une demi-lune et marquez le bord à l'aide d'une fourchette.

2 Badigeonnez les empanadas d'un peu de jaune d'œuf et saupoudrez-les de graines de coriandre pour décorer. Placez-les sur une plaque recouverte de papier sulfurisé et enfournez pour 20 min.

1

Empanadas

Poulet aux épices et à la sauce soja

4 EMPANADAS	PRÉPARATION : 20 MIN	CUISSON : 30 MIN

INGRÉDIENTS

2 filets de poulet
1 gousse d'ail
1 petit oignon nouveau
1 c. à soupe de gingembre en poudre
1 c. à café de cumin en poudre
4 c. à soupe de sauce soja
4 tiges de persil plat
1 c. à soupe d'huile d'olive
1 rouleau de pâte brisée
1 jaune d'œuf
Graines de coriandre
Sel et poivre du moulin

1 Préchauffez le four à 200 °C (th. 6-7). Épluchez l'oignon, ôtez les racines et ciselez-le. Épluchez, dégermez et hachez l'ail. Découpez le poulet en petits morceaux. Effeuillez et hachez grossièrement le persil.

2 Faites chauffer l'huile d'olive dans une poêle à feu vif. Faites-y revenir l'oignon jusqu'à ce qu'il devienne translucide, puis ajoutez l'ail. Faites revenir encore 2 min, puis ajoutez le poulet, le gingembre et le cumin. Faites revenir jusqu'à ce que les morceaux de poulet commencent à dorer. Versez la sauce soja, baissez le feu et laissez mijoter 2 min. Hors du feu, ajoutez le persil, salez et couvrez. Réservez.

3 Formez 4 empanadas en suivant les étapes de la recette de base. Placez-les sur une plaque recouverte de papier sulfurisé et enfournez pour 20 min : les empanadas doivent être bien dorées.

2 Empanadas

Shiitakés et ricotta

4 EMPANADAS	PRÉPARATION : 15 MIN	CUISSON : 25 MIN

INGRÉDIENTS

250 g de shiitakés
1 gousse d'ail
50 g de ricotta
5 tiges de ciboulette
1 c. à soupe d'huile d'olive
1 rouleau de pâte brisée
1 jaune d'œuf
Graines de pavot
Sel et poivre du moulin

1 Découpez les shiitakés en fines tranches. Épluchez, dégermez et hachez l'ail. Ciselez la ciboulette.

2 Faites chauffer l'huile d'olive dans une poêle à feu vif et faites-y revenir l'ail 2 min en remuant. Ajoutez les shiitakés et faites-les revenir jusqu'à ce qu'ils commencent à dorer. Retirez du feu. Dans un bol, placez les shiitakés, la ricotta et la ciboulette. Salez, poivrez et mélangez.

3 Formez 4 empanadas en suivant les étapes de la recette de base. Placez-les sur une plaque recouverte de papier sulfurisé et enfournez pour 20 min : les empanadas doivent être bien dorés.

3 Empanadas

Scamorza fumée et speck

4 EMPANADAS	PRÉPARATION : 15 MIN	CUISSON : 20 MIN

INGRÉDIENTS

70 g de speck
280 g de scamorza fumée
170 g de mascarpone
3 tiges de basilic
1 rouleau de pâte brisée
1 jaune d'œuf
Sel et poivre du moulin

1 Découpez le speck en lamelles et la scamorza sans sa peau en petits dés. Effeuillez le basilic et ciselez-le. Dans un bol, mélangez le speck avec la scamorza, le basilic et le mascarpone. Salez et poivrez.

2 Formez 4 empanadas en suivant les étapes de la recette de base. Placez-les sur une plaque recouverte de papier sulfurisé et enfournez pour 20 min : les empanadas doivent être bien dorés.

Ceviche de bar à la mangue

4 PERSONNES	PRÉPARATION : 20 MIN	MARINADE : 20 MIN

INGRÉDIENTS

4 filets de bar sans la peau et désarétés
4 c. à soupe d'huile d'olive
les zestes + le jus de 1 citron vert
½ mangue
½ oignon rouge
2 c. à soupe de grains de grenade
10 cl de lait de coco
2 c. à soupe de rhum brun
6 brins de menthe

1 Coupez les filets de bar en biais pour obtenir des tranches plutôt épaisses.

2 Faites-les mariner 20 min dans l'huile additionnée des zestes et du jus du citron.

3 Coupez la mangue et l'oignon rouge en petits cubes.

4 Disposez les cubes de mangue et les grains de grenade sur le poisson.

5 Dans un bol, mélangez le lait de coco avec le rhum, l'oignon et la menthe hachée. Assaisonnez bien. Servez le ceviche avec cette sauce.

Ceviche de daurade

au lait de coco

4 PERSONNES	PRÉPARATION : 15 MIN	RÉFRIGÉRATION : 30 MIN

INGRÉDIENTS

400 g de filets de daurade ou de loup
1 petit piment rouge ou vert
½ oignon rouge
1 filet d'huile d'olive
2 citrons verts bio ou non traités
1 orange bio ou non traitée
4 gouttes de Tabasco®
10 cl de lait de coco
¼ de bouquet de coriandre
sel et poivre

1 Coupez le poisson en dés. Épépinez et hachez le piment. Pelez et hachez l'oignon.

2 Dans un cul-de-poule, mélangez le poisson, l'oignon et le piment. Versez l'huile d'olive, le jus et le zeste des citrons et de l'orange, le Tabasco® et le lait de coco. Mélangez, salez, poivrez et réservez 30 min au réfrigérateur.

3 Avant de servir, ajoutez la coriandre émincée.

Ceviche de rouget

aux avocats et framboises

4 PERSONNES	PRÉPARATION : 10 MIN

INGRÉDIENTS

2 gros avocats
300 g de filets de rougets
20 framboises
1 gros oignon rouge
1 citron vert
¼ de botte de persil
20 feuilles de menthe
Huile d'olive
Sel et poivre

1 Coupez les filets de rougets ainsi que les avocats épluchés et dénoyautés en cubes. Mélangez-les avec l'oignon rouge émincé.

2 Incorporez le jus et le zeste du citron vert, le persil et la menthe hachés et les framboises coupées en deux. Versez un filet d'huile d'olive, salez et poivrez.

3 Servez bien frais et dégustez immédiatement, pour éviter que le citron « cuise » trop le poisson.

Sauce chimichurri rouge

Dans un robot, réunissez 1 oignon épluché, 1 c. à café de piment de Cayenne, 1 c. à café de paprika fumé, 3 tiges de persil et 1 branche de romarin effeuillées, 1 gousse d'ail, 2 c. à soupe de citron vert, 2 c. à soupe de vinaigre balsamique blanc, 4 c. à soupe d'huile d'olive, de la fleur de sel et du poivre. Mixez rapidement de façon à conserver des morceaux. Ajustez la consistance à votre goût en ajoutant de l'huile d'olive.

Servez cette sauce en accompagnement d'une viande ou d'un poisson grillé.

Marinade orang et cinq parfums

Dans une casserole, versez le jus et le zeste de 3 oranges bio non traitées, 20 cl de vinaigre blanc, 3 c. à soupe de cassonade, 2 c. à café de mélange 5 parfums, 1 bâton de cannelle et 1 étoile de badiane. Salez, poivrez et portez à frémissements pendant 5 min.

Faites cuire vos viandes dans cette marinade.

Tomates confites au balsamique et romarin

Effeuillez grossièrement 3 tiges de romarin et répartissez dans le fond d'un plat allant au four, puis répartissez 4 feuilles de laurier coupées en deux et 2 gousses d'ail hachées. Découpez une quinzaine de tomates cerises en deux et déposez-les côte à côte par-dessus les aromates, face coupée vers le bas. Versez 1 cm d'huile d'olive, 1 belle c. à soupe de vinaigre balsamique, salez, poivrez et enfournez à 180°C (th. 6) pendant 20 à 30 min ou jusqu'à ce que les tomates soient confites.

Utilisez cette sauce dans des pâtes.

Sauce ketchup aux pêches

Faites revenir 1 oignon rouge épluché et émincé avec un peu d'huile d'olive dans une sauteuse. Ajoutez 1 gousse d'ail hachée, 2 tomates anciennes en tranches, 3 pêches dénoyautées, 100 g de sucre en poudre, 10 cl de vinaigre balsamique blanc, 1 c. à soupe de mélange quatre-épices, 2 clous de girofle, salez, poivrez et laissez mijoter à feu très doux pendant 45 min à 1 h tout en remuant de temps en temps.

Servez ce ketchup en accompagnement d'une viande blanche grillée.

Pesto de chou kale et amandes fumées

Dans un robot, mixez 3 tiges de chou kale sans leurs côtes avec 30 g de parmesan fraîchement râpé, 1 gousse d'ail épluchée et dégermée, 30 g d'amandes fumées, 20 cl d'huile d'olive, du poivre noir en grains et de la fleur de sel. Ajustez la consistance à votre goût en ajoutant de l'huile d'olive.

Utilisez cette sauce dans des pâtes ou tartiné dans un sandwich.

Spritz bien frais, p. 125
Idées tacos, p. 154

Yummy hummous, p. 135

Régalades végétales

Diminuer ou supprimer sa consommation de produits d'origine animale, que ce soit pour répondre à une vision politique, un engagement écologique ou un respect pour la vie des bêtes, est une vraie question que se posent tous les gourmands. La bonne nouvelle ? Manger végétal est aussi un bon moyen de découvrir de nouvelles et délicieuses façons de cuisiner !

TEST VEGAN : un peu, beaucoup ou pas du tout ?

POUR VOUS, UN VEGAN, C'EST :

1. Un baba cool en sandales, amateur de tisanes.
2. Un bobo hipster parisien amateur d'*avocado toast*.
3. Un mangeur qui se pose des bonnes questions, mais ne doit pas tous les jours rigoler à table.
4. Vous.

ET UN REPAS VEGAN ?

1. Un plat de lentilles et au lit !
2. Un plat de tofu et d'autres choses gluantes facturées au prix fort.
3. Un bon curry de légumes, mais ensuite on mange quoi ?
4. Ce que vous allez manger à midi.

LA DERNIÈRE FOIS QUE VOUS AVEZ MANGÉ VEGAN, C'ÉTAIT :

1. À la cantine, ils ont fait une journée des légumes… et c'était tellement déprimant.
2. L'autre jour avec votre pote qui travaille dans la mode… et c'était tellement cher.
3. Quand vous avez reçu votre panier de légumes de la semaine… et que vous avez fait un taboulé maison.
4. Hier soir.

RÉSULTATS

Si vous avez une majorité de 1 : votre vision du véganisme date de 1983, n'ayez pas peur de ce nouveau monde qui s'ouvre à vous !

Si vous avez une majorité de 2 : vous êtes agacé par les bobos et les associez systématiquement aux vegans. Ce n'est pas parce qu'on a une barbe qu'on est forcé d'aimer le tofu.

Si vous avez une majorité de 3 : vous êtes vegan *friendly* sans le savoir, essayez le flexitarisme*.

Si vous avez une majorité de 4 : vous êtes déjà vegan. Si, si, croyez-nous.

CONCLUSION

Il est fini le temps où véganisme rimait avec fadeur et ennui ! La cuisine végétale d'aujourd'hui est tout simplement délicieuse, et un bon plat vegan rivalise sans problème en gourmandise avec n'importe quel sauté de veau ou pâté de foie. Les vegan ne sont pas fous, eux aussi aiment se régaler, alors lancez-vous !

> « MANGER VÉGÉTAL EST UN BON MOYEN DE DÉCOUVRIR DE NOUVELLES ET DÉLICIEUSES FAÇONS DE CUISINER ! »

3 ADRESSES VEGAN (OU PRESQUE) À DÉCOUVRIR

Vélo Végé : un concept éco-friendly, où vous pouvez manger de délicieux hot-dogs vegan (saucisse bio au seitan, mayonnaise végétale, légumes de saison en accompagnement...) servis en mode food-bike ! Basé au centre de Toulouse, plus d'informations sur les passages et les arrêts du vélo : www.velovege.fr/

Mana expresso : un tout petit coffee-shop qui propose une belle gamme de boissons végétales ainsi que des tartines et salades à midi. Mention spéciale aux pâtisseries, notamment le blondie au thé matcha (un régal). Un brunch est également proposé le dimanche, mais pensez à réserver bien en avance ! (12, rue des Bernardines, 13100 Aix-en-Provence)

La clairière : une déco cosy où l'on a envie de s'attarder, une carte originale et complète le midi et un brunch du tonnerre en fin de semaine. Que demander de plus ? (75, bd de la Liberté, 59800 Lille)

AU SECOURS, J'AI DES VEGAN À DÎNER !

Vos cousins viennent dîner ce soir à la maison et vous aviez oublié qu'ils étaient vegan ? Pas de panique, voici quelques pistes pour que le dîner soit une vraie fête dans les assiettes :

- Optez pour des steaks de légumes (chou-fleur, butternut...) : coupés en grosses tranches et rôtis, ils sont aussi délicieux et revigorants que la viande (si si, on a essayé, c'est délicieux).
- Un bon curry ! Les currys de courges en particulier sont délicieux. Accompagnez-les de riz et de chutneys, personne ne se rendra compte qu'il n'y avait pas de viande au menu.
- Tourtes, quiches, tartes et autres calzones seront vos amies (remplacez les œufs par du tofu pour un chouette liant).
- Pensez à tous les plats que vous aimez et qui sont vegan : les frites, le taboulé, la polenta, un bon dhal, un avocado toast, des tempura de légumes....
- En toutes circonstances, usez et abusez des herbes, épices et aromates de la meilleure qualité.

3 ÉTAPES SIMPLES POUR DÉCOUVRIR LE VÉGANISME ALLER SE RÉGALER DANS UN BON RESTAURANT VEGAN.

- Lire un bon livre de recettes sur le sujet (*Recettes vegan inratables*, éditions Larousse).
- Acheter de BONS légumes, bio et de saison. C'est la clé. Sinon, forcément, c'est pas bon !

LES CLÉS POUR ÉVITER LE FLOP

- Évitez les produits « vegan » tout prêts, souvent décevants et peu appétissants (pizzas, pastas ...).
- Prenez votre temps pour cuisiner.
- Ne cumulez pas les dossiers : n'essayez de faire en sorte que votre dîner, en plus d'être vegan, soit *gluten free*, sans lactose ou paléo.

Curry de haricots blancs

aux blettes, carottes et brocolis

4 PERSONNES	PRÉPARATION : 15 MIN	CUISSON : 20 MIN

500 g de haricots blancs en boîte égouttés
4 tiges de blettes
2 carottes
1 tête de brocoli
2 c. à soupe de curry Balti en poudre
1 c. à soupe d'huile de coco
2 gousses d'ail
Piment en paillettes
1 cube de bouillon de légumes
40 cl de lait de coco
1 citron bio non traité
5 tiges de coriandre
Sel et poivre du moulin

1 Épluchez, dégermez et hachez l'ail. Épluchez les carottes et découpez-les en rondelles. Retirez la tige du brocoli et découpez-le en fleurettes. Si celles-ci sont grosses, redécoupez-les en deux. Retirez la partie dure des blettes et découpez-la en fins tronçons. Hachez grossièrement les feuilles.

2 Dans une cocotte ou une sauteuse, faites chauffer l'huile de coco et faites-y revenir l'ail 2 min en remuant. Ajoutez les haricots, les carottes, le lait de coco, le cube de bouillon, 40 cl d'eau, le curry, un peu de piment et le jus d'un demi-citron. Salez, poivrez et laissez mijoter doucement pendant 10 min.

3 Ajoutez le brocoli et les tiges de blettes, puis faites mijoter encore 10 min. Retirez du feu, ajoutez les feuilles de blettes et la coriandre. Mélangez et servez avec le reste du citron coupé en quartiers et accompagné de riz.

Courges butternut farcies

au quinoa et tofu fumé

6 PERSONNES	PRÉPARATION : 20 MIN	CUISSON : 1 H

INGRÉDIENTS

200 g de quinoa rouge et blanc
2 courges butternut
200 g de tofu fumé
2 c. à soupe d'huile d'olive
+ pour badigeonner
2 échalotes
Sel

1 Rincez le quinoa et versez-le dans une casserole avec deux fois son volume d'eau. Faites cuire pendant 10 minutes, puis éteignez le feu et laissez gonfler à couvert pendant 10 minutes.

2 Préchauffez le four à 180 °C. Coupez les courges en deux et débarrassez-les de leurs graines. À l'aide d'un pinceau, passez un peu d'huile d'olive sur la chair des courges. Enfournez-les pour 30 minutes.

3 Pendant ce temps, émincez les échalotes et faites-les revenir dans l'huile d'olive. Ajoutez le quinoa et le tofu coupé en dés. Assaisonnez et faites cuire pendant 10 minutes, puis garnissez les courges avec ce mélange. Remettez au four pour 10 minutes. Servez aussitôt.

Spaghettis
aux boulettes seitan

6 PERSONNES	PRÉPARATION : 20 MIN	CUISSON : 30 MIN

INGRÉDIENTS

300 g de seitan
500 g de spaghettis à l'épeautre
2 oignons
2 c. à soupe d'huile d'olive
1 gousse d'ail
200 g de coulis de tomates
1 c. à café d'origan
½ bouquet de persil
Sel et poivre

1 Faites revenir 1 oignon émincé dans 1 c. à soupe d'huile d'olive. Ajoutez la gousse d'ail pressée, puis le coulis de tomates. Assaisonnez, ajoutez l'origan et poursuivez la cuisson pendant 15 minutes à feu doux.

2 Dans un mixeur, placez le seitan, le persil haché et l'oignon restant émincé. Assaisonnez et mixez. Avec la pâte obtenue, façonnez des boulettes en les roulant entre vos mains.

3 Faites revenir les boulettes quelques minutes dans l'huile d'olive restante, puis déposez-les dans la sauce tomate. Poursuivez la cuisson pendant 10 minutes.

4 Pendant ce temps, faites cuire les pâtes. Égouttez-les, puis servez-les avec les boulettes et la sauce tomate.

Riz noir
au lait de coco et aux graines de grenade

4 PERSONNES	PRÉPARATION : 5 MIN	CUISSON : 25 MIN

INGRÉDIENTS

200 g de riz noir
300 g de lait de coco
1 grenade
50 g de sucre en poudre
100 g de noix de coco râpée

1 Faites cuire le riz dans une grande casserole d'eau bouillante pendant 20 minutes, puis égouttez-le.

2 Faites épaissir le lait de coco avec le sucre à feu doux dans une casserole pendant 5 minutes.

3 Ajoutez le riz et la noix de coco râpée. Parsemez de graines de grenade.

INDEX

A

B

C

D

E

F

G

H

I-J

K

L

M

N

O

P

Q-R

Crédits photographiques :
© Larousse, Delphine Amar-Constantini (stylisme de Juliette Lalbaltry) : p. 111 ; © Larousse, Delphine Amar-Constantini (stylisme de Anne Loiseau) : p. 20, 22, 23, 51, 52, 53, 54, 55, 65, 84, 90, 101, 113 ; © Larousse, Anne Bergeron (stylisme de Marine Durand) : p. 14, 62 ; © Fabrice Besse : p. 95 ; © Larousse, Fabrice Besse (stylisme de Sandrine Houdré-Grégoire) : p. 125 ; © Larousse, Fabrice Besse (stylisme de Anne Loiseau) : p. 72 ; © Larousse, Aimery Chemin (stylisme de Chae Rin Vincent) : p. 71, 161 (haut) ; © Larousse, Charly Deslandes (stylisme de Vincent Amiel) : p. 89 ; © Larousse, Charly Deslandes (stylisme de Séverine Augé) : p. 124, 160 ; © Larousse, Charly Deslandes (stylisme de Coralie Ferreira) : p. 26 ; © Larousse, Charly Deslandes (stylisme de Sandrine Houdré-Grégoire) : p. 31, 32, 33 ; © Larousse, Virginie Garnier (stylisme de Audrey Cosson) : p. 28, 34, 35, 37, 38, 42, 56, 92, 98, 107, 120, 122, 127, 128, 143, 145, 148, 156, 162, 164, 169 ; © Larousse, Virginie Garnier (stylisme de Coralie Ferreira) : p. 141 ; © Larcusse, Myriam Gauthier-Moreau (stylisme de Géraldine Olivo) : p. 66, 67 ; © Larousse, Claudia Gödke (stylisme de Audrey Cosson) : p. 18, 19 (bas), 58, 60, 61 ; © Larousse, Aurélie Jeannette : p. 19 (haut) ; © Larousse, Céline Mermet-Bouvier : p. 25, 78, 79, 103 ; © Larouse, Aline Princet (stylisme de Noémie Strouk) : p. 71 ; © Larousse, Philippe Vaurès Santamaria : p. 170-171 ; © Larousse, Fabrice Veigas (stylisme de Pauline Dubois-Platet) : p. 116, 132 à 137 ; © Larousse, Fabrice Veigas (stylisme de Marine Durand) : p. 75, 80, 81, 154, 155, 161 (bas) ; © Shutterstock : p. 17, 27, 48, 69, 76, 86, 96, 97, 139.

Crédits des illustrations :
© Larousse, Tagadiane : pages 9, 63, 94, 109 ; © Shutterstock : page 4, 12, 14, 15, 30, 32, 46, 68, 69, 82, 100, 101, 114, 118, 119, 126.

Crédits des recettes :
Séverine Augé : p. 124, 161 ; Blandine Boyer : p. 154, 155 ; David Cobbold et Sébastien Durand Viel : p. 118-119 ; Catherine Conan : p. 71, 88, 90 ; Audrey Cosson : p. 18, 19 (bas), 35, 36, 41, 44, 45, 60, 61, 92, 106, 121, 126, 130, 131, 142, 146, 147, 157, 158, 159, 162, 163, 168 ; Pauline Dubois-Platet : p. 132-137 ; Marine Durand : p. 74, 80, 81, 161 (bas) ; Coralie Ferreira : p. 26, 140 ; Sandrine Houdré-Grégoire : p. 32, 33, 125 ; Hélène Huret : p. 70, 161 (haut) ; Juliette Lalbaltry : 110 ; Anne Loiseau : p. 22, 23, 51-55, 64, 72, 100, 101, 112 ; Céline Mermet-Bouvier : p. 10, 11, 24, 78, 102 ; Catherine Moreau : p. 170-171 ; Géraldine Olivo : p. 66, 67 ; Quitterie Paquesoone : p 19 (haut).

Direction de la publication : Isabelle Jeuge-Maynart et Ghislaine Stora
Direction éditoriale : Émilie Franc
Édition : Alice Dauphin et Alice Delbarre
Collaboration rédactionnelle : Claire Pichon
Conception graphique et couverture : Aurore Elie
Mise en page : Lucile Jouret
Fabrication : Donia Faiz et Émilie Latour

Les Éditions Larousse utilisent des papiers composés de fibres naturelles, renouvelables, recyclables et fabriquées à partir de bois issus de forêts qui adoptent un système d'aménagement durable. En outre, les Éditions Larousse attendent de leurs fournisseurs de papier qu'ils s'inscrivent dans une démarche de certification environnementale reconnue.

ISBN : 978-2-03-596729-9

Photogravure IGS-CP, 16 L'Isle d'Espagnac
Imprimé en Espagne par Macrolibros
Dépôt légal : février 2019
322838/01 – 11039837 – décembre 2018